JN417517

시와 사랑 3

詩와 사랑 3

2019년 05월 04일 초판 발행

지은이 | 박경철
발행인 | 박찬우
편집인 | 우 현
펴낸곳 | 파랑새미디어

등록번호 | 제313-2006-000085호
서울특별시 마포구 서교동 357-1 서교프라자 318
전화 | 02-333-8311
팩스 | 02-333-8326
메일 | adam3838@naver.com

가격 10,000원
979-11-5721-107-4 (04810)
979-11-5721-106-7 (세트)

# 詩와 사랑 Ⅲ

青死 박경철

언제까지나

단 하나의

사랑을 꿈꾸는

연인들을 위하여

# 서문

♡♥

사랑은, 멋있고… 맛있고

나는 여전히 시같지 않은 사랑의 시를 쓰고 있는
시인같지 않은 시인으로 살아가고 있습니다.
지인께서 언젠가 물으시더라구요.
"무슨 사랑의 시를 그렇게 계속 쓸게 있어요? 대단하세요."
저의 대답은 의외로 간단했습니다.
"죽기 전까지는 쓸 거 같아요."
내가 사랑하는 사람 곁을 먼저 떠나 하늘나라 가기 전까지는
마르지 않는 샘물처럼 사랑의 시는 솟아날겁니다.
그게 사랑이니까요.
사랑이 움직인다 해도 진실은 변하지 않는 거니까요.
이 소신이 무너져 버린다면 이 세상은 정말 비참한
전쟁터일 겁니다.
그나마 세상이 아직 아름다운 건 진실한 사랑을 소망하며
이야기하는
진정한 사랑꾼들이 있어서라고 생각합니다.
이 시집을 발간하면서 갖게 되는 작은 소원이 있습니다.
진실한 사랑에 중독되어가는 사랑꾼이 한명 더 생겨나는 것.
더 이상 바랄게 없습니다.
누군가 그러더군요.
사랑이란 덜어주는 만큼 채워지는 기쁨이라고…

사는 날 동안 기쁨 가득한 삶이고 싶습니다.
영원한 사랑 대장이신 하나님께 무한 감사드리며
내 사랑의 롤모델이 되어주신 천국에 계신 아버지와
지금도 눈물로 기도해주시는 어머니,
그리고 나를 무조건 사랑해 주는 정말 사랑스런 내 사람과
나처럼 사랑꾼이 되어가는 아들과 딸, 사위와 며느리,
초라한 사랑 예찬론자를 멋지게 만들어 주시고
응원해 주시는 파랑새미디어 대표님께 감사를 드립니다.
사랑은 정말 멋있고 맛있는 겁니다.

2019년 3월 봄날, 사랑 가득한 집 방화동에서...

목차

## 제2부 · 사랑은 주는 것

## 제3부 · 행복소년 사랑노래

제1부

# 나 그대에게

나 그대에게
별빛이 될 수는 없어도
그대를 언제까지
변함없는 노래로 덮어주는
소망의 빛이 되겠습니다.

# 떠나자 ♡♥

내 안에 네가 있고
네 안에 내가 있다면
우리 둘만의 자리로 떠나자.
지난 아픔 던져버리고
내일의 희망 안고
오늘 활짝 웃음으로
함께 손잡고 떠나자.
계절의 기운이
힘을 주면서 다가오는데
냉정과 열정 사이를 오가는
초라한 발자취는 떨구고
그리움 넘치는 정으로
꼬옥 안아주며 기대자.
언제나 내 가슴은
너를 받아들이기 위해
뜨겁게 불 지펴놓고 기다리니까
춥고 힘들 때
폭폭 하고 서러울 때
그냥 아무 말 하지 말고
눈을 가리고 다가와
힘 빼고 기대봐.

내 맘 같지 않은 세상을
어쩔 수 없지만
순간의 분노와 야속함을
다 던져 버리고
무조건 떠나는 거야.
그래야 살 수 있으니까.
그래서 정인이 있다는 게
행복이고 세상을 다 품은 거야.
밤이 오기 전에
우리 둘만의 자리로 떠나자.

情人이 있다는 게
행복이고 세상을 다 품은 거야

# 강원도의 추억일기 ♡♥

동쪽 끝의 겨울이
일찍 찾아왔어요.
겨울 바다, 하늘이
눈이 시리게 담기는 곳
당신의 해맑은 모습이
가슴을 뛰게 합니다.
찬바람 휭휭 거리는 호수에
무리 지어 노니는 오리 떼가
겨울을 마중 나가는
남아있는 나뭇잎들을
어서 오라 부릅니다.
승천하는 용의 자태가
두 손 꼭 잡고 함께 날아보자고
정겹게 손짓하며
짙은 푸르름을 물들여 놓은
하늘 끝을 가리키고
바람이 전하는 노래를
찬찬히 들어보라 권합니다.
무섭게 추운 겨울이 온대도
두 손 꼭 잡아 안아준
그대의 온기로

포근한 계절을 맞을 겁니다.
언제나 그랬듯이
당신과 함께 떠나는 여행은
멈춰지지 않는 설렘과
뜨거운 숨결을 선물해주고
언제까지나 하나 된 사랑으로
보듬어 주리라 맘먹습니다.
여행길 행복한 동행으로
기쁨을 주는 당신
고마워요.
사랑합니다.

여행길 행복한 동행으로
기쁨을 주는 당신

## 개화산 추억일기 ♡♥

하늘 가까운 산길을
두 손 꼭 잡고 오릅니다.
햇빛 따가운 날이지만
숲이 선물하는 그늘과
이따금 불어오는 바람이
상쾌한 산행으로 인도합니다.
한 걸음 한 걸음 오를수록
더 깊이 다가오는
풀과 나무의 향기가
가슴을 시원하게 열어줍니다.
송골송골 땀방울 맺힌
사랑스런 그대 얼굴이
나뭇잎 사이로 내리는 햇살에
더 환한 웃음으로 안겨 오고
내 마음 뜨겁게 타오릅니다.
두 손 잡은 뜨거움의 액체는
오늘도 사랑의 열기를
한껏 가져다주는
말로 다 할 수 없는 기쁨입니다.
그대와 함께하며 발길 닿는 곳
그곳이 우리의 낙원이요

영원히 잠들고 싶은 안식처입니다.
언제 어디서도 한결같은
우리만의 사랑으로 자라나는
감동의 물결로 다가오고요
그래서 정말 고마워요.
당신을 사랑할 수밖에 없는
당신 바라기여서 행복합니다.
당신을 사랑합니다.

하늘 가까운 산길을
두 손 꼭 잡고 오릅니다.

## 고맙고 또 고마워요 ♡♥

당신과 함께한 날들
어쩌면 당신을 보지 못한 날들보다
당신을 더 많이 보며
여기까지 온 것 같아요.
사람들이 말하기를
너무 자주 봐도
사랑이 무뎌진다고 하는데
난 당신을 보면 볼수록
당신이 더 보고프고
마음은 날이 갈수록
더 뜨거운 그리움으로
무럭무럭 자라났어요.
영혼을 다한 사랑은
더 높고 깊은 환희를
넘치도록 주었고요.
여린 사람으로 살아오며
강하게 나를 일깨워준 당신,
당신의 정성 어린 사랑은
내게 언제나 향기 가득한
천국이었습니다.
나만의 사랑으로

당신만의 사랑으로
행복을 꿈꾸는
삶의 전부인 당신입니다.
고맙고 사랑합니다.

난 당신을 보면 볼수록
당신이 더 보고프고…

# 겨울나기 ♡♥

손이 시리면
당신 손을 잡아
체온을 올릴 거야.
마음이 시리면
당신 꼬옥 안아
포근함 느낄 거야.
자꾸 눈물이 흐르면
당신에게 달려가
활짝 웃을 거야.
밤이 길어질수록
그리움은 깊어져
하얗게 날 샐 거야.
시간을 붙잡지 못하면
꽁꽁 얼어붙은 채
당신을 부르다
그냥 쓰러져 잠들 거야.
겨울은 그렇게 갈 거야.

시간을 붙잡지 못하면
꽁꽁 얼어붙은 채
당신을 부르다
그냥 쓰러져 잠들 거야.
겨울은 그렇게 갈 거야.

# 그 사람이 있기에

가슴의 울림을 주는 건
사랑밖에 없다고…

쌀쌀함과 따가움으로
계절은 제 얼굴을 잊은 채
이래저래 힘든 몸을 괴롭힌다.
걱정되는 사람,
힘겨운 마음도 부족하여
언제나 벗어나고픈
피곤한 삶의 연속이지만
밝고 씩씩하게
잘 버텨주는 고마운 사람.
오늘을 살아가는
한 가지 이유,
꿈이 있어서다.
지치고 상한 마음에도
견뎌낼 수 있음은
사랑의 꿈을 꾸며
내일을 함께 걸어갈
너무 예쁜 사람이기에
사랑할 수밖에…

## 그대 ♡♥

아침은 언제나
어둠보다 깊은
그리움을 안겨줍니다.
하루의 시작을
함께하지 못하는
아쉬움 때문인가요.
아침이라는 시간이
반복될수록
사랑은 점점 더
두껍게 쌓여가는 걸
마음의 눈은
실감 나게 체험합니다.
오늘 하루를 어떻게 살까요?
그리움이 없다면
무의미한 땀방울로
생존이라는
아픔만이 있을 겁니다.
반복되는 따분함이
온통 가득하겠지요.
처음 그 마음처럼
지금까지도 그래왔듯이

오늘도 그대를 인하여
행복을 온몸으로
느끼고 싶습니다.
사라지지 않을
사랑으로 말입니다.
견딜 수 없는
사랑스런 사람이니까요.

아침은 언제나
어둠보다 깊은
그리움을 안겨줍니다.

# 그대는 내 사랑 ♡♥

나 없는 하늘 아래
홀로 걸어가는 길이
좋다고 생각해 보셨나요.
때로는 그럴 때도 있다고
말할 수는 있겠죠.
운명이니 숙명이니
그런 거 믿진 않지만
인연의 끈은
분명 있어요.
다른 건 다 되는데
한 가지 안 되는 게 있네요.
그게 인연이라는 거겠죠.
어느 날 내 앞에 다가온 당신
이제 내가 당신 앞에 서 있을 거예요.
당신의 모든 것
하루도 쉼 없이
내 안에 숨 쉬고 있어요.
턱밑까지 차오른
보고 있어도 보고 싶은
그리움이란 녀석이
당신을 너무도 사랑한다고

내게 노래하네요.
당신과 함께 걸어온 길
당신과 함께 또 갑니다.
아무리 지나치다 해도
그대는 내 사랑이에요.

아무리 지나치다 해도
그대는 내 사랑이에요.

# 그대는

♡♥

아름다워라.
바라만 보아도
향기로워라.

피어있는 그대로
아름다워라.
바라만 보아도
향기로워라.
하늘이 보내주신
사랑의 선물인가.
이 세상 끝에서도
두 손 잡은 그리움.
먼 길 돌아
눈물로 만난 미소인가.
심장 내 주어도
아프지 않은 행복.
애태워 부르지 않아도
언제나 마음의 울림으로
안아주는 따스함.
피어있는 그대로
아름다워라.
바라만 보아도
향기로워라.

# 그대를 향하여

♡♥

오늘도 달려갑니다.
그대 있는 곳으로.
가시 바람 불어도
저편 푸른 하늘 바라보며
힘차게 달려갑니다.
하늘 열린 날 이후
기쁨이 있었다면
그대와 하나 됨이란 걸
감사함으로 고백합니다.
지금 숨이 그쳐도 좋은 건
그대 하나만의 사랑으로
더 바랄 것이
없기 때문입니다.
분에 차고도 넘치는
뜨거운 사랑이니까요.
그리고 사랑할 테니까요.

오늘도 달려갑니다.
그대 있는 곳으로.

## 그래서 사랑은 맛있는 거다 ♡♥

창밖 흐린 하늘
흩뿌리는 빗살이
간지럽기만 하다.
속시원히 적셔주면
만세라도 부를 텐데
간절함으로 기다리는
밀어의 시간은
이 밤 지나고 나면
사그라진 감정으로 남을까.
늘 어제 같은 오늘로
열정이 살아있다면
세월 흐르고 늙어진대도
주름진 손 꼭 붙잡아
참 잘 살았다고 고백하며
얼굴을 비벼줄 거다.
아침저녁으로 변하는 게
진실에 관심도 없는
속물들의 사랑이지만
진짜 사랑은 시간을 먹을수록
더 깊은 갈망으로
눈물을 흘리며 웃는

신비의 체험 현장이다.
그래서 사랑은 멋있고
그래서 사랑은 맛있는 거다.

진짜 사랑은 시간을 먹을수록
더 깊은 갈망으로

# 그런 사랑을 하고 싶어요

♡♥

그런 사랑을 하고 싶어요.
눈물 펑펑 흘려 만나는 사랑

그런 사랑을 하고 싶어요.
눈물 펑펑 흘려 만나는 사랑
그런 사랑을 하고 싶어요.
꼬옥 안아주며 지난날
아름다운 추억 밤새워 얘기할
그런 사랑을 하고 싶어요.
날이 갈수록 깊어만 가는
사랑의 속삭임과 노래 넘치는
그런 사랑을 하고 싶어요.
잠시라도 떨어져 있으면
견딜 수 없어
그리움으로 다가오는
그런 사랑을 하고 싶어요.
남들이 유치하다 말해도
손 더 꼭 잡아 걸어가고픈
그런 사랑을 하고 싶어요.
언제까지라도
떠날 수 없다며
그 어느 것도 대신할 수 없는
내 사람이라고 고백하는
그런 사랑을 하고 싶어요.

# 그리운 사람 ♡♥

늘 입에 달고 사는 이름
다정스럽고 사랑스런
아름다운 그 이름
혼잣말로 부르고
답답한 가슴 어루만져도
여전히 나의 전부인
너무 사랑스런 사람.
늘 곁에서 따스한 볼 부비며
언제나 떨리는 마음으로
꼬옥 안아주며 고백하는
사랑한다는 포근함은
두 손 꼭 쥐며 아픔을 죽이며
밀려오는 쓰디쓴 숨소리로
터질 듯한 심장에
흐르는 눈물 차곡차곡 담아
땅끝이라도 어딜 가도 달려가
변하지 않는 생명의 자리에
우리 함께한 사랑의 약속을
끓어오르는 그 자리로 옮겨
영원히 함께할 노래로 부른다.
한순간도 놓아줄 수 없는

미칠 것만 같은 사랑의 마음은
어느새 밝아오는 창가에
쓸쓸히 힘없이 걸터앉아
하늘 끝에서 웃고 있는
정말 어여쁜 그대에게
사랑한다는 고백으로 부릅니다.
정말 예쁜 사람
나 당신이 너무 좋다.
보고 있어도 보고 싶은데
잠시 보지 못하는 지금
정신이 혼미해진다 해도
사랑한다는 말은 꼭 해줄 거다.
당신은 있다.
늘 그리운 사람으로…

당신은 있다
늘 그리운 사람으로…

# 그리움으로

눈을 떴습니다.
당신을 보려구요.
두 눈 뜨고 있다는 것이
참 행복이네요.
사랑이 만져지는 것이라면
당신은 한 권의 시집일 겁니다.
나 당신을 위해서
사랑을 노래하고 있으니까요.
눈을 감았습니다.
당신 생각하려구요.
두 눈 감을 수 있다는 것도
참 행복이네요.
사랑이 느껴지는 것이라면
당신은 한 송이 꽃일 겁니다.
나 당신을 위해서
행복을 꿈꾸고 있으니까요.

눈을 떴습니다.
당신을 보려구요.

# 그리움은 기다림이다 ♡♥

봄을 보내려는 하늘이
잔뜩 찌푸리고 있는
우중충한 오후
창밖 펼쳐지는 세상은
아무런 감흥도 없이
시간을 죽여간다.
먼 하늘 끝에
안아주고픈 님 있어
눈을 감아 날개 펴고
단박에 곁으로 날아간다.
여전한 모습으로 웃는
향기로운 님의 모습
가슴 깊이 밀려오면
억겁을 두고 기다려온
황홀한 만남의 기쁨은
밤을 새워서라도
보듬고 쓰다듬어주고픈
하나뿐인 내 안의 보석이다.
오늘 하루 지나고 나면
더 성숙하고 빛나는
소중한 선물로 안겨 있을 거다.
그리움은 눈물겨운 기다림이다.

# 그리움은 꿈이다

♡♥

그대의 뒷모습만으로
이미 활짝 웃고 있습니다.

오늘을 삽니다.
내일은 아무도 모르기에
오늘 하루를 세워갑니다.
오늘 그리워하지 못하면
내일 잊힐 수 있고요
오늘 사랑하지 못하면
내일 떠나갈 수 있기에
오늘 아프고 눈물 흘러도
보고 싶고 사랑한다는
진심을 드리고 싶습니다.
초록을 키워주는 빗줄기
내 안에 기다림을 키워주고
먼지를 씻어주는 빗줄기
내 안에 상처를 씻어줍니다.
지금이 아니더라도
내일은 희망이 있고
내일이 아니더라도
또 내일은 사랑으로 옵니다.
침묵하며 눈길 안준데도
그대의 뒷모습만으로
이미 활짝 웃고 있습니다.
그리움은 사랑을 불러오는
뜨거운 꿈입니다.

# 그리움은 꽃이다

제법 서늘한 바람이
가을을 데려오려고
얼굴을 비빈다.
지금 내 안에
변치 않는 하나의 길은
처음부터 여기까지
한 사람만을 바랬기에
열정은 그 어떤 불안도
덮어줄 수 있으리.
가슴을 찢는 아픔도
살아야만 하는 의지를
등에 업고 걸어가고
또 다른 세계를 만나도
한마음의 고백은
언제나 뜨거울 수밖에 없다.
계절이 바뀌고
옷매무새가 달라진대도
그대로 하여 간직한 기쁨은
더 넓은 곳으로 헤엄치는
끝없는 사랑의 바다와
어둠 속에서 다가오는

하나 되고픈 또 하나의 열정.
오늘도 내일도
그리고 또 내일도
온몸을 불사르는
동행의 불꽃으로 타오른다.
그리움은 날 살게 하는
행복의 꽃이다.

그리움은 날 살게 하는
행복의 꽃이다.

# 그리움은 눈물이다 ♡♥

기나긴 그리움의 터널
밤새 아픔으로 보내고
흐린 하늘 보여주려
아침을 열어준다.
쉽게 떠나갈 인연이라면
미련 없이 안녕했을 텐데
함께한 날들의 기억이
손을 놓지 못하게 하며
세상 끝 어디라 해도
날아 날아 다가갈 거라고
끝없는 심장 떨림으로
하나뿐인 사랑이라 고백한다.
내 생명이 스러지든
그대가 지워지든
그때까지는 안아줘야 할
내 안의 전부이다.
아니 어쩌면 그대를 품어
언제까지나 가야 하리.
다른 사랑이 보이지 않기에.
그리움은 인내의 눈물이다.

쉽게 떠나갈 인연이라면
미련 없이 안녕했을 텐데

# 그리움은 설렘이다

세상사 마음대로 안 돼도
언제나 씩씩하게 버텨온
아름다운 날들의 열매가

새벽이 왔다.
칠흑 같은 어둠에
시계 초침 소리만이
방안을 채우고
여느 날처럼 같은 마음으로
곤히 잠들어 평온한
잔잔한 미소로
꿈길을 날아다니는
예쁜 공주님의 얼굴이
가슴에 뜨겁게 안겨 온다.
세상사 마음대로 안 돼도
언제나 씩씩하게 버텨온
아름다운 날들의 열매가
다가올 여름날의 인내로
함께 땀 흘리던 날에
보람차게 웃으며 지났던
사랑 가득한 순간을
다시 한번 일어나자며
회복의 기도를 드린다.
밝아오는 날에
그대로 인하여 활짝 웃고 싶다.
그리움은 끝없는 설렘이다.

## 그리움은 열정이다 ♡♥

부르고 또 불러봐도
사랑스러운 이름은
메아리 되어 가슴에 젖어든다.
늘 함께하는 사람이기에
잠깐의 떨어짐이 낯설고
다정스런 그대의 표정과
심장을 녹게 만든
따뜻한 한마디와 몸짓이
항상 여운으로 남아
끊어낼 수 없는 사랑 줄을
칭칭 동여매고 있다.
묻어버리고 잊을 것도 있을 텐데
더 힘겹게 옷자락을 당기며
둘만의 추억의 자리를
아낌없이 펼치고
하나 된 고백을 실감 나게 듣는다.
여전히 하루를 열어주는 사람
오늘도 멋지게 닫아줄 거다.
사랑이라는 이름이
사람을 세워가는 거름이라고
노래하고 또 시를 써봐도

역시 그대 아니면 안 되는
해바라기로 피어있다.
그리움은 나를 살게 하는
피 끓는 믿음의 열정이다.

끊어낼 수 없는 사랑 줄을
칭칭 동여매고 있다.

# 그리움은 위로다 ♡♥

밤을 더 밤 되게 하는
봄비가 추적추적 내리며
눈물인지 핏물인지
가슴을 멍들게 하는
진한 그리움을 우는
연정의 멜로디만이
적막을 물들이고 있다.
잔잔한 미소로 마주하며
환한 웃음을 머금게 하는
어여쁘기만 한 당신의 얼굴
두 손 모아 감싸며
잔잔히 눈을 감는다.
세월은 흐르고 흘러
벗어날 수 없는
우리들의 방을 만들고
동행의 꿈을 꾸는
한 송이 해바라기 되었다.
눈물겹고 아픔 있는
가슴 저린 현실이 있다 해도
이미 그대는 내 안에
지지 않는 향기 가득한

사랑의 꽃으로 피어
오늘을 살게 하는 힘이 되었다.
그리움 그것은
오늘 그리고 내일을 살게 하는
가슴 뜨거운 위로다.

가슴 뜨거운 위로다.

# 그리움을 담다 ♡♥

어린 시절
그리고 지난날
행복이 뭔지도 모르고
무덤덤한 가슴으로
만남의 의미도 모른 채
살기 위해 태어났고
생존을 위해 버텨온 날들.
이제 눈을 뜬다는 것이 축복이며
살아있음이 감격이라고,
그만한 울림을 주는 건
사랑밖에 없다고 노래한다.
천년을 살아도
하루 같이 살 수 있음은
무엇으로도 채울 수 없는
깊은 인연 때문인 것을…
인간의 욕심은
살기 위해 피하고
도망치는 존재.
사랑은 그렇지 않다네.
두 사람의 하나 됨보다
큰 축복은 없기에

함께하지 못하면 죽음으로라도
동행할 수 있는 것.
그래서 사랑은
눈물겹도록 황홀하다.

함께하지 못하면 죽음으로라도
동행할 수 있는 것.
그래서 사랑은
눈물겹도록 황홀하다.

# 그리움은 행복이다 ♡♥

하루가 저물어간다.
새날을 맞으려면
바람 부는 이 밤을
별빛 가득 헤며
꿈길을 걸어가야 한다.
검푸른 하늘이
달빛에 녹아들 때까지
자장가를 독백하며
끝없는 꽃길을 가슴에 담아
고요한 아가의 숨결을
온몸으로 느끼고 받아
가시나무 숲을 날아간다.
행복은 이렇게 만들어간다.
서로가 한마음으로
모든 걸 같이 나누던
들어도 들어도 싫지 않은
다정한 고백의 노트를 펼쳐
사랑비 흠뻑 젖어
오늘 그리고 내일
웃음으로 눈뜰 수 있는
소중한 약속을 캐낸다.
그리움은 행복이다.

하루가 저물어간다…

# 그리움이라 하자

너무 힘들고 아파서
아프기 싫어서
그대를 부른다.
그대와 함께함이
편안함을 안겨주고
하나뿐인 마음
질끈 동여매고
오직 그대라는 이름으로
꿈이어도 행복한 길을
쉬지 않고 달려간다.
함께함이 기쁨이고 보람,
웃음으로 품에 안겨
설렘 가득 담은
오늘을 살게 하는 산소.
그대를 바라봄이
우연 아닌 필연의 자리로
손잡아 이끌어가는
소망의 노래이기에
그대를 사랑하는 마음
한마디로 그리움이라 하자.

한마디로 그리움이라 하자…

# 꿈

♡♥

난 그대와 함께
꿈을 꾼다.

비를 머금은 하늘
무거운 눈꺼풀 버티며
쓰러질 듯 말 듯
그리움에 기댄 채
멜로디에 안겨 달린다.
끈적이는 계절이지만
따스함이 그리운 건
함께한 날들 속에 잠든
말로 다 하지 못한
하나 됨의 기쁨을 나눈
사랑의 숨결이
가슴을 두드리기 때문이다.
어제도
오늘도
그리고 내일도
난 그대와 함께
꿈을 꾼다.

# 끝 사랑 ♡♥

몸살을 앓듯
감기에 걸린 듯
몽롱한 기운이 덤벼들며
꿈길 아닌 꿈길을
뜨거워진 얼굴을 비벼대고
눈물 아닌 눈물을
손수건에 적신다.
온몸 기운 빠지고 나면
우리 사랑이 사라질까.
힘들다고 울음을 친구 삼았던
누구도 건드리지 못한
단 하나만을 움켜잡은
미련스러운 고집을
열정으로 바꿀 수 있을까.
갈 데까지 가다 보면
아픔이 흉터일지 몰라도
아낌없이 다 주었던
여전히 떨려오는 심장은
인생 가장 복스러운
후회 없는 소중한 선물로
고이 간직하여 눈감을 게다.

끝사랑

# 나 그대에게 ♡♥

향기 짙은 꽃바람으로
그리움 안겨준
그대의 사랑 안에
숨 쉬고 싶습니다.
때로는 은은한 달빛으로
또 언젠가는
뜨겁고 정열적인 숨결로
사랑한다는 말보다
미치도록 보고 싶다는
숨 가쁘기만 한 심장을
깊어가는 가을 하늘에
내려놓습니다.
나 그대에게
별빛이 될 수는 없어도
그대를 언제까지
변함없는 노래로 덮어주는
소망의 빛이 되겠습니다.
아프고 눈물 흘릴 때
머리맡에서 지켜주며
그대 얼굴 감싸주는
마음 따뜻한 사람,

단 하나의 사랑이 되겠습니다.
까만 밤에도
동트는 새벽에도
햇빛 나리는 낮에도
온통 그대 생각뿐이라는
터져버릴 듯한
뜨거운 가슴 젖은 눈동자로
그대 안에 잠겨 있는
그대 사랑바라기로
잠들겠습니다.
이 세상 끝 날에…

소망의 빛이 되겠습니다.
아프고 눈물 흘릴 때
머리맡에서 지켜주며…

# 나에게 너는, 너에게 나는 ♡♥

나에게 넌 가슴 시린 사랑이고
너에게 난 눈물겨운 행복이다.

하늘이 뻥 뚫렸다.
그것도 너무 오랜만에.
시간이 흐를수록
애달픈 대지의 흐느낌은
더이상 견딜 수 없는
사랑 고백을 전해주며
흘러넘쳐도 좋을
내일로 가는 둑을 타고 넘는다.
심장을 다독이며
언제까지라도 품어줄 수 있는
어느 순간까지라도
걷고 또 달려서라도
함께 나눌 사랑만 있다면
눈물이 빗물이 된다 해도
뜨거운 사랑의 진액으로
승화시킬 수 있으리.
나에게 넌 끝없는 노래이고
너에게 난 끝없는 연정이다.
나에게 넌 가슴 시린 사랑이고
너에게 난 눈물겨운 행복이다.

## 나에게 너는

♡♥

바람이 흔들고 지나간
겨울 창가에 물드는
하얀 그리움의 자욱이
뭉클해진 가슴에
한줄기 눈물을 뿌리면
미소를 띠며 돌아선
어여쁜 사람의 흔적을
두근거리는 심장으로
꼬옥 안아준다.
긴긴밤 지나고 나면
떠오른 해님에게
그렇게도 애타던 마음을
한 걸음 더 가까이
데려다 달라고 하겠지.
나에게 너는
오늘 내일을 살게 하는
참 아름다운 선물.

참 아름다운 선물…

## 나에게 노래가 있다면 ♡♥

나에게 노래가 있다면…
꼭 들려주고픈
노래가 있습니다.
별자리 헤며
꿈속에 젖어 들었던
그때 그 노래 말입니다.
잔잔하게 그리고 나지막이
따뜻하게 불러주었던
그때 그 노래 말입니다.
2절이 없어도 좋았던
그래서 그렇게 불렀던
아무리 불러도
싫다고 하지 않았던
그때 그 노래를
부르고 싶습니다.
노래 불러주는 나는
여느 유명 작곡가
인기 가수 부럽지 않은
오직 한 사람을 위해 존재하는
마음 가난한 시인입니다.
하늘이 닫히는 그 날까지는

그대를 위해 노래하는
사랑의 흔적으로
남고 싶습니다.

꼭 들려주고픈
노래가 있습니다

# 나의 고마움 ♡♥

멀지 않은 곳에
예쁜 하늘과 바다가 있어요.
고성의 흔적과 신선한 먹거리가
오감을 즐겁게 하며
여행의 참맛을 다시게 합니다.
꼭 잡은 두 손을 놓기 싫은 건
행여라도 불어오는 돌풍에
여리여리한 사랑의 온기가
날아가 버릴까 봐
당신 어깨 한번 더 감싸주고
바라만 봐도 향기 나는
눈물 나게 싱그럽고 사랑스러운
그대 얼굴 쓰다듬으며
사랑한다고 보고 싶다고
아낌없이 내 전부를 고백합니다.
어둠이 짙어갈수록
하늘의 별 무리가 더 뜨겁게
반짝이며 내려옵니다.
달빛 출렁이는 바다 물결이
더 뜨겁게 서로를 갈망하는
치명적인 우리의 사랑을

활활 타오르게 합니다.
당신을 바라볼수록
당신과 살아가며
더 커져만 가는 그리움은
곡성을 하며 울어댄다 해도
다 표현할 수 없는
단 한 사람을 위한 전부로
아낌없이 내어주게 합니다.
무의미한 젊음의 늪에서
날 건져주러 손 내민 당신
정말 고마워요.
사랑합니다.

# 나의 사랑이니까요 ♡♥

또 한 번
아침은 그리움의 날로 밝았습니다.
사랑하는 사람과 함께.
오늘이 마지막이라는
절박함으로 시작한다면
가장 애절하고 아름다운
우리의 사랑은
숨 다하는 그 날까지
꽃피울 수 있을 겁니다.
그대 내 마음의 주인으로
자리한 지 오래니까요.
또 한 번…
아침은 그리움의 노래로 시작되었습니다.
사랑하는 사람과 함께.
지금 이 순간이
죽음이라는 엄숙함으로
열린다면
나 오직 그대를 위하여
살 수 있었기에
그대만을 가슴에 담아
먼 길 떠나겠노라

고백할 수 있을 겁니다.
하루하루 지금 여기까지
그대는 나의 사랑이니까요.

그대 내 마음의 주인으로…

# 내 마음을

♡♥

뭐라고 해야 할까요.
당신이 너무 소중한데
사랑한다는 말이 너무 흔해
다른 말을 생각해 봐도
마땅히 떠오르지 않습니다.
아니, 사랑한다는 말보다
당신을 깊이 알 수 있는 말을
찾을 수가 없습니다.
흔하게 보이고
쉽게 잘 들린다고
소중하지 않은 게 아닙니다.
그건 이 세상에서
가장 아름다운 고백입니다.
세상이 아무리 변해도
언제까지나 당신에게
삶을 다해서 드릴 말은
당신을 사랑한다는 고백입니다.
시를 쓰는 이 순간도
당신이 눈물 나게 보고 싶고
사랑스러운데
뭘 어떻게 하라는 겁니까.

# 내 사랑은 ♡♥

그리움에 물들면
사랑이 되고
기다림에 물들면
아픔이 된다지만
이미 오래전
그리움과 기다림에
흠뻑 젖어버린 삶은
당신의 모든 것
다 품을 수 있는
넓은 창고가 되었습니다.
사랑은 내일을 예감하는
신비로운 꿈같습니다.
보이지도,
잡히지 않아도
늘 함께 있음을 느끼니까요.
당신은 이 세상에서
날 가장 행복하게
만들어 주는
유일한 사람이란 걸
또다시 고백합니다.

당신의 모든 것
다 품을 수 있는
넓은 창고가 되었습니다.

## 내 사랑 ♡♥

새벽이 깊어가면
아침이 밝아오겠지.
차가운 어둠을 몰아가며
코트 깃 올려세우는
본능적인 몸부림이
찻잔에 어리는
눈물 나게 그리운
한 사람을 가슴 아프게 부르며
아른아른 눈가에
이슬이 맺힌다.
나보다 나를
더 많이 보살피고 생각해준
가슴 저리게 고맙고
미치도록 사랑스러운 사람이
찬바람에 휘청이면
터질 듯한 심장을
어찌하지 못해
또다시 울어버리고 만다.
세상 모든 것 다 사라져도
마음 깊이 뿌리내려
튼튼하게 나를 세워주는

무엇과도 바꿀 수 없는
내 안의 고귀한 보물,
그대는 어쩔 수 없는
내 사랑.

나보다 나를
더 많이 보살피고 생각해준…

# 눈물로 보이는 그대 ♡♥

그대는 나에게
끊임없는 그리움.
눈물 보이기 싫은
가슴 아픔을 안고
고독의 터널을
지나가야만 하는
처음부터 여기까지
하나만 바라보며
힘겹게 달려온 사람.
이젠 어둠 벗어나
또다시 눈물 난다 해도
그대 앞에 서서
모두 다 내려놓고
사랑한다 말해야 하리.
멀리 보내려 할수록
더 질기게 붙잡아
갈기갈기 그리움 찢으며
밤낮을 울어댔기에
더이상의 버팀은
사랑도 그 무엇도 아니다.
기나긴 기다림 버리고

사랑에게 달려간다.
눈물로 보이는 그대.

처음부터 여기까지
하나만 바라보며
힘겹게 달려온 사람

## 님 1

♡♥

남남으로 만나
점하나 떼어내고
님이 된 그 사람.
어쩜 그렇게도
어여쁜 사람인지
머리부터 발끝까지
사랑스러워
해맑은 웃음으로
살아있음을 알게 해준
참 아름다운 사람.
오늘도 그대를
눈물로 노래하는 건
내 전부를 다한
바꿀 수 없는 사랑이기에
내 생각이 맞았고
마음이 움직였고
몸이 열려 동행한
말이 필요 없는
내 하나뿐인 님이기 때문.
그대는 숨 쉬는 의미를
뜨거운 만남으로 알려준

영원한 나의 님.

나의 여보.

님이 정말 좋다.

님을 내 안에 품었다.

사랑으로.

해맑은 웃음으로
살아있음을 알게 해준
참 아름다운 사람

## 님 2 ♡♥

기뻐 웃을 때
손뼉 쳐주고
아파 울 때
꼬옥 안아준
맘 착하고
따뜻한 님.
오늘처럼
비 내리는 날이면
더 많이 어여쁘고
참 아름답고
촉촉한 님.
비를 가득품은
가로수 나뭇잎
초록을 더해갈 때
싱그런 샴푸 향기
우윳빛 체취로
설렘 가득 준
뜨겁고 사랑스런 님.
어제오늘
그리고 내일도
고귀한 선물로
반짝이는 님.

님이 참 좋다.
님을 내 안에 심었다.
사랑으로.

맘 착하고
따뜻한 님

# 님 3 ♡♥

비 그친 밤하늘이
유난히도 까맣다.
바람이 서늘하여
몸을 움츠리게 하고
점점 깊어가는 밤
그리운 얼굴
선명하게 드리우고
말로 다하지 못할
가슴 뜨거운 그리움이
촉촉이 눈가를 적시며
부르고픈 이름을
몇 번이고 마음 판에 쓴다.
심장이 멈출 듯
그대 향한 열망이 춤추는데
비 흠뻑 맞은 잎새들만
미친 듯이 흔들리며
안아주고픈 님을
죽어라 찾아대고 있다.
그대가 있어
나 여기 숨 쉬고 있는데
아는지 모르는지

눈물만 뚝뚝 떨구고 있다.
아무리 쓰리고 아파도
그대는 이미 내가 되어
작은 화병에 한 송이
진한 향기 가져다준
사랑의 꽃님이 되었다.
님이 정말 그립다.
님은 내 안의 눈물이다.
사랑으로.

말로 다하지 못할
가슴 뜨거운 그리움이…

# 당신

♡♥

찬바람 불어
눈물 기억나게 하면
어제 일인 양
따스한 품에
안길 것만 같다.
오늘이 아파도
일어설 수 있음은
두 손 잡아준
너무 사랑스런
가슴 따뜻한
당신 때문이다.
시도 때도 없이
보고 싶은 건
사랑 없이 살 수 없는
당신에게 미쳐버린
뜨거운 심장 때문이다.

두 손 잡아준
너무 사랑스런
가슴 따뜻한
당신 때문

# 당신을 부릅니다

아름다운 사람
향기로운 사람
사랑스런 사람
형용사 속에
갇혀 있을 수 없는
사람이기에
가만히 눈을 감습니다.
나만의 펼쳐진 마당에서
한바탕 춤사위 펼치고
표현하지 않아도
사랑할 수밖에 없는
파랑새로 날갯짓합니다.
절대로… 절대로…
당신을 언어의 새장 속에
가둬둘 수 없어서
당신을 부릅니다.
훨훨 날아
어서 내게로 오세요.
당신 편히 쉴 자리
깨끗하게 준비해 두었습니다.

아름다운 사람
향기로운 사람
사랑스런 사람

## 또, 또, 또 ♡♥

또, 이렇게
생각에 잠기는 건
어쩔 수 없는
그리움 때문이겠지요.
흐르는 땀방울이 정겨운 건
만남의 열정이
그립기 때문이겠지요.
또, 이렇게
밤이 다가온 건
끝없는 사랑의 릴레이를
위해서일 거구요.
어눌한 표현은
있는 그대로를 표현할
적당한 말이
생각나지 않아서구요.
또, 다시 한번
가장 큰 행복이
뭐냐 묻는다면
다른 생각할 것도 없는
문제이겠지요.
이미 마음을 가득 채운

만남으로

행복의 노래

부르고 있으니까요.

또, 이렇게

사랑하고 있으니까요.

또, 이렇게…

# 만남

♡♥

둘만의 천국

운명적인 우연
그것은 필연.
끝없이 불러주고 싶은 노래.
한 자리 아픔까지도
보여주고 싶은 진심.
빈 마음 채워주고파
가득한 그리움 싹틔우고
잿빛 하늘 파란 천국으로
바라보는 날
눈이 부시도록 해맑은
미소에 빠져들어
둘만의 천국은
너무 아름답고 황홀하다.
영원히 잠들어 버릴
그저 그런 삶을 일깨워준
하나 된 마음은
많은 눈물로
수도 없는 아픔을
삼키고 또 삼키며
그래서 사랑은
아름다운 것이라고,

절대 포기할 수 없는
최후의 보루로
멈춰져 버린 시간 속
당신 품에 안겨 있다.

## 바로 당신입니다 ♡♥

시간이 많이 흘러도
쓸려내려 가지 않는
마음에 박힌 돌 하나로
그저 행복하다 웃음 짓는
참 좋은 사람,
그 사람이 바로 당신입니다.
견딜 수 없는 아픔으로
현실을 접고픈 날에도
뜨거운 눈물 떨구며
함께하겠다며 손잡아주는
참 좋은 사람,
그 사람이 바로 당신입니다.
이 세상엔 사랑이 없다고
차가운 눈짓만 보내는
이기적인 사람들 틈바구니에서
진실과 사랑은 살아있다고
가슴으로 안아주는
참 좋은 사람,
그 사람이 바로 당신입니다.
다른 건 몰라도
언제나 그랬듯이

언제까지나 나를 사랑해 줄
참 좋은 사람,
그 사람이 바로 당신입니다.

뜨거운 눈물 떨구며
함께하겠다며 손잡아주는
참 좋은 사람

## 무제

♡♥

풀잎에 물든 별빛
목마른 그리움으로
젖어오고
가냘픈 꽃잎 사랑
회색빛 하늘에 입 맞춘다.
몇 번 계절 바뀌며
꽃은 피고 지는데
달빛 내려앉는
내 마음의 창가엔
가슴 시리도록
외로움 걸터앉아
허전한 숨을 내쉰다.
심장에 새긴 꽃 사랑
달빛 내려 감싸주고
그대 모습은
깨물어주고 싶은 그대로
꼬옥 안아주리라.

심장에 새긴 꽃 사랑
달빛 내려 감싸주고

# 소심한 사랑

눈물 한 번 훔치고
겨울 하늘 바라보고
숨가쁜 날들은 갔어도
여전히 고동치며
설레는 심장이 있다.
뒤돌아선 발걸음이
희미하게 사라졌는데
어느샌가 따라잡은
마음에 박혀버린
미치도록 사랑스런 사람,
아무 말 없어도
이미 모든 걸 품었기에
내어놓지 못하는
지금도 그리고 내일도
하나뿐인 첫사랑.
다시 또 마음 가다듬고
하늘을 안았다.

내어놓지 못하는
지금도 그리고 내일도
하나뿐인 첫사랑

# 별 그리고 그대

♡♥

전부를 내어준 그대는
나의 영원한 별이 되었다

태초에 빛난 별
오늘 밤하늘을 밝힌다.
나도 누군가의 가슴에
영원히 빛나는
별 하나로 박히고 싶다.
퍽퍽하고 힘들 때
눈을 뜨게 해준 맑은 사랑.
누가 알아주지 않았어도
그리움을,
애절한 보고픔을,
끝없는 깊은 사랑을
안겨준 그대.
화살 되어 심장 깊이
선홍 물감을 터뜨린
전부를 내어준 그대는
나의 영원한 별이 되었다.
눈을 감아버려도
지우고 또 지워도
보고 또 봐도
보고 싶어지는 사람.
숨길 수 없는 이 마음

어디에 숨겨야 할까
아무리 깊은 곳에 묻어도
그대는 언제나
영원한 별이며
꽃일 수밖에 없다.
그대 내 사랑이기에.

## 보고 싶어 ♡♥

늘 입에 달고 사는 말
오늘 왠지
흐린 하늘과 어울리는
빗물같이 시원한
그 한마디
　보고 싶어…
점점 흐려져
당신 얼굴 사라지면
뜨거운 바람
차가운 하늘
한 방울 눈물로
부르다 지쳐 쓰러진대도
한 번 더 하고 싶은 말
　보고 싶어…
아이스크림보다
달곰하고
팥빙수보다 시원한
정이 가득한 말
드디어 마음 환해지고
눈빛 영롱하게 반짝이는
그리움을 반겨준다.

세상 그 어느 말보다
가슴 징하게 담겨는 말
　보고 싶어…
그대 이미 내게로 왔다.

팥빙수보다 시원한
정이 가득한 말

제2부

# 사랑은 주는 것

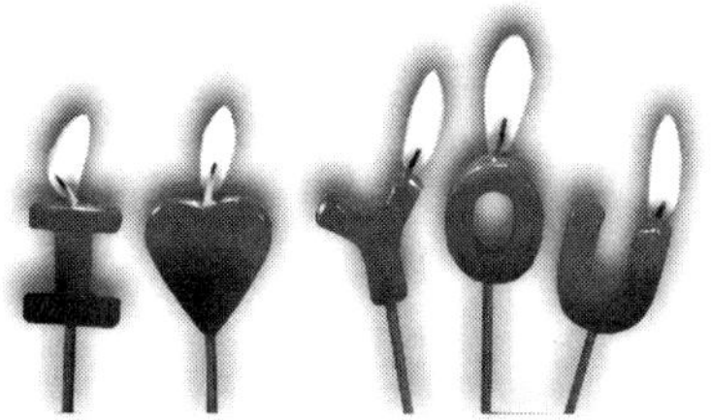

주면 줄수록
더 아름다워지는 것이
사랑입니다.
받고 싶은 마음도
눈물겹도록 간절하지만
사랑은 주면 줄수록
더 주고 싶어집니다.

# 그립습니다 ♡♥

푸른 하늘이 그립습니다.
내 마음 이미
그대로 인하여 맑은데
더 푸른 하늘이 그리운 건
아마도 깊은 사랑의
투정인 것 같습니다.
함께할수록 그리움이
더 깊이 쌓여가는
사랑의 열병을 앓는
그대의 아기인가 봅니다.
앞으로 우리가 살아갈 날을
손꼽아 세어보는
단순한 어린아이처럼.
사랑만 가지고도
세상을 이길 수 있는데
사랑의 열정을 괴롭히는 건
사랑을 시샘하는
잿빛 하늘의 장난인가 봅니다.
그래서 오늘은
당신을 더 많이 그리워하는
푸른 하늘 아래
한 마리 새이고 싶습니다.

우리가 살아갈 날을
손꼽아 세어보는
어린아이처럼

# 기쁨

하늘이 웃으면
땅은 노래한다

하늘이 웃으면
땅은 노래한다.
지난 계절의 기억을
고스란히 담아
찬바람 일으키며
얼굴을 때린다.
꽃망울 터뜨렸던
향기로운 날 미소가
세상을 다 얻은 것처럼
행복을 고백하며
가슴으로 울었다.
시들어 떨어진대도
진하게 새긴 빛깔로
하나 됨을 간직한
말이 필요 없는 희열.
추억이 아름다운 건
여전히 살아있는
따뜻한 희망이
두근거림으로
숨쉬기 때문이다.

## 비와 그리움 ♡♥

내다본 창밖
밤비가 내려요.
겨울을 재촉하는
그리움 가득 품은
비가 촉촉이 내려요.
해질녘 떨어지는
마른 잎새가
그리도 자유로웠는데
빗물과 함께하는 지금
어쩜 그리도 숙연해 보이는지
가슴 한켠 채워주는
사랑의 노래는
이 밤을 꼬박 태운다 해도
심장을 데우며 핏줄 녹이는
보고픔으로 널브러져
두근거리는 가슴을 두드리고
또 두드리겠죠.
밤을 몰아가는 빗소리는
어쩔 수 없는 평안함,
그대 곁에 잠들고 싶은
너무 따뜻한 동행.
비가 내려요.
내 심장을 툭툭 건드리며…

밤을 몰아가는 빗소리

# 사랑 그리고 죽음

♡♥

그대가 잊히는 날이 온다면
그날은 바로 숨을 거두는…

살면 얼마나 산다고
사랑하지 못하고 살까.
차라리 내 심장을
도려내는 게 안 아플 거 같아
살아가는 이유를 찾으려
그리움을 그리워한다.
사람은 어떡하든
내 앞에 있든
내 옆에 있든
바라볼 수밖에 없는
아픔이고 상처인지라
오랫동안 그대를 안아주지 못한
타들어 간 가슴의 한숨이
눈물로 촉촉이 적셔진다.
그대가 잊히는 날이 온다면
그날은 바로 숨을 거두는
더는 고통 없는 날이라고
여전히 그대를 찾아 떠도는
자유로운 영혼으로
노래하고 또 노래할 것이다.
살아있는 날까지는
그대를 후회 없이 죽도록
뜨겁게 사랑하다 갈 거다.

# 사랑 참 ♡♥

쉬고 싶은 마음이
찬바람 돌아가는
길모퉁이 쓸려가는
낙엽으로 부스럭거리며
장밋빛 계절을
눈물겨워 하는데
이미 차갑게 아파하는
나목의 떨림으로
하늘을 어둡게 닫아주고
쓸쓸한 가슴의 고백으로
자꾸만 감기는 눈꺼풀을
더 시리게 만들어 준다.
생각 없이 울어버리면
사랑이 힘없이 쓰러질까 봐
다시 한번 고개 들어
불러보고 또 노래한다.
어쩌면 삶이라는 건
우연의 만남으로
필연을 꿈꾸며 달려가는
막연한 행복의 나라를
품에 안고 웃음 지으며

나만의 천국을 만드는
천진난만한 어린아이의
기대 가득한 소망일 테니
이렇게 살아있음이
세상에서 가장 아름다운
사랑꾼으로 불리고 싶은
시를 좋아하고
시를 써 내려가는
누가 알아주지 않아도
따뜻한 마음으로 눈감을
사랑 가득한 발걸음이다.
그래서 나는 사랑이다.
사랑 참 눈물겹기만 하다.

그래서 나는 사랑이다.

# 사랑 하나 미소 한 모금

♡♥

뜨거운 마음
그리운 한마음

어제 같은 오늘이라면
슬픔도 남아
말 못 하고 서러워하겠지.
하루를 넘긴다는 게
반복되는 일이라면
이미 모든 걸 내려놓고
혼자만의 길을 갔을 텐데
붙잡은 마음 놓을 수 없는
사랑 노래여도 좋고
사랑 고백이라 해도 행복한
사랑밖에 모르는 바보라 해도
숨 내려놓는 그 순간까지
한결같은 마음으로
동행하고픈 소망을
보여주고 싶다.
가야 할 길이 멀지만
사랑의 샘이 마르기 전에는
뜨거운 마음,
그리운 한마음은
끝날까지 안고 가련다.

# 사랑, 그건 ♡♥

그대라는 인연
다시 태어난대도 그대입니다.
가을을 벗어버린
초라한 나뭇가지에
두툼하게 쌓여가는
지난 계절 함께 나눈
사랑의 밀어들이
차가운 겨울을 기다리는
가슴 저린 만남에게
눈물의 고백을 기억하라며
흐려진 눈을 일깨워줍니다.
아파도 웃음을 간직하는 건
삭막해져만 가는
계산적인 이기심 가득한
하룻밤 의미 없이 내뱉으며
산산이 부서져 사라지는
사랑의 탈을 쓴
유희가 가엾기 때문입니다.
초라하지 않은 그리움이
뜨거운 회복으로 돌아와
더이상 눈물 없는

사랑의 노래 한 자락으로
행복하게 춤을 추고
기다리는 보고픈 심장이
얼마나 큰 하늘의 선물인지
솔로몬의 아가(雅歌)가
두 손 꼭 잡아 주며 웃어줍니다.
사랑, 그건 말로 다 못하는
가슴 아린 생명의 축제입니다.

사랑, 그건 말로 다 못하는
가슴 아린 생명의 축제

## 사랑… 여행 준비

♡♥

반평생을 넘긴 삶
다가오는 삶 역시
그리움의 노래

가는 시간
잡을 수 있다면
애달픈 시간이
차라리 큰 행복이기에
지금 그대로
머물게 할 수 있으면
이것이 기적의 순간.
반평생을 넘긴 삶
다가오는 삶 역시
그리움의 노래라고
차가운 손 잡아주며
미소로 입 맞추리라.
언제나 심장이 끓어오르는 건
바뀌는 계절이 서럽지 않은
만남의 순간으로
고동치며 다가오기 때문.
이렇게 사랑은 꿈이라 해도
구름 위 떠다니는
황홀한 축제이고
그 누구도 막아설 수 없는
운명이자 숙명.
사랑은 시간을 뛰어넘어
둘만의 여행을 준비한다.

# 사랑몸살

♡♥

그리움에 젖은 심장

울렁 울렁
가슴이 끓어오릅니다.
머리가 지끈지끈
어지럼을 느낍니다.
온몸 힘 빠진 흔들림을
호소합니다.
두 눈가의 이슬은
얼굴을 달아오르게 합니다.
기약 없는 해열은
자리를 짓누릅니다.
힘없이 껌뻑이는
눈꺼풀 애처로움은
마음을 대변합니다.
아파서 아픈 게 아닌데
이미 아픔은 자리 잡고
털썩 주저앉아 있습니다.
하룻밤 빗줄기 뿌려대면
쓸려갈까요?
그리움에 젖은 심장은
흘러 흘러 사랑 있는 곳까지
몸살을 앓으며 달려갈 겁니다.

# 사랑에게

♡♥

함께할게요…

하루
이틀
그리고
또 하루
처음 본 그날의
가슴 설렌 기쁨을
오늘
내일
그리고 또
내일이 와도
나, 그대 곁에
그대, 내 곁에서
웃음 가득 행복했듯이
흔들린대도
쓰러지지 않을 나무로
함께할게요.
하나라는
사랑의 감격으로.

# 사랑은 묻어두는 거다 ♡♥

시간이 흘러
잊힐 수 있다면
수십 년의 세월아
어디 한 번 가봐라.
잊히는 거라면
그건 사랑이 아니다.
사랑은 시간을 먹을수록
더 깊은 그리움을
가슴에 새겨주는 것,
그래서 사랑은 눈물겹고
진심 어린 유치함이다.
시간이 흘러
보고 싶지 않다면
수백 년의 세월아
어디 한 번 가봐라.
보고 싶지 않은 거라면
그건 사랑이 아니다.
사랑은 시간이 더할수록
깊은 가슴 도려내는
고백으로 꼬옥 안아주며
더 많은 눈물 흘려야 할

이상한 행복계산법이다.
그래서 사랑은 살아있고
그래서 사랑은 절절하다
그래서 사랑은 가슴 뛰고
그래서 사랑은 솔직하다.
그래서 사랑은 묻어두는 거다.
사랑이니까…

잊히는 거라면
그건 사랑이 아니다

# 사랑은 소풍

♡♥

무작정 떠나자
숨 가쁜 일 있어도
웃을 수 있으니

무작정 떠나자
숨 가쁜 일 있어도
웃을 수 있으니
떠나고 보면
사는 게 괜찮다고
흥얼거리겠지.
쉼 없이 달려온 날들
눈물조차 사치스럽다고
하늘 보며 눈감아 버린
가여운 영혼은
또 한 번 돌아가는
계절의 쳇바퀴를
멈춰버린 추억 속에 가둬둔다.
많은 날 아팠어도
사랑이 있어 견디며
기억이라는 녀석을
차곡차곡 가슴 깊이
가슴으로 우는 노래로
이 밤 다시 잠재운다.
꽃피는 봄날
무슨 일이 있어도
향기론 춤사위로 소풍 가자.

# 사랑은 주는 것

주는 사람만이 누리는
특권이며 살아있다는
증거입니다

주면 줄수록
더 아름다워지는 것이
사랑입니다.
받고 싶은 마음도
눈물겹도록 간절하지만
사랑은 주면 줄수록
더 주고 싶어집니다.
아낌없이 다 주고 싶은
사람이 있다는 거,
그저 바라만 봐도
좋은 사람이 있다는 거,
주는 사람만이 누리는
특권이며 살아있다는
증거입니다.
언제까지라도 기다리는
사랑하는 사람이 있다는 건
내가 살아야 할 의미를
깨닫게 해주는 것입니다.

# 사랑은 지금도 자라난다 ♡♥

가슴이 출렁이며
깊어가는 가을에게
그리움을 고백한다.
어쩌다 만나게 된
인생 간이역 풍경은
옷을 갈아입는 나무와
푸르름을 더해가는
가슴 시린 하늘을
웃음 가득한 얼굴로
꼬옥 안아준다.
밤이 길어 아픔이 아니라
홀로 울어서 이겨야 하는
사랑의 심장이
힘없이 터덜거리며
또 다른 계절을 맞이함이
마음을 아프게 할 게다.
그대를 안아
지나간 날들의 상처를
말없이 덮어주며
희망을 간직할 수 있음은
여전히 내 안에 숨 쉬고

꿈길에서도 날 부르며
다가오기 때문이다.
사랑은 지금도 자라난다.

지나간 날들의 상처를
말없이 덮어주며

# 사랑은… 유치찬란 ♡♥

한번씩 이어지는
힘겨루기.
눈을 감을까?
길을 걸을까?
뭐든 결론은 그리움인데
오늘만큼은
머리보다는
가슴이 시키는 대로
맘껏 누리자.
그대가 원하고
내가 소망하며
그래서 기쁨이라면
온 세상이 전부 다
유치하다 말한대도
더 확실한 유치찬란을
보여주자.
사랑은 어차피
소꿉장난 같은 거니까.
다시 한번 놀아보자.

그대가 원하고
내가 소망하며
그래서 기쁨이라면

# 사랑은

가슴을 울리는
복에 겨운 선물

사랑은 소리 없이 다가와
가슴을 울리는
복에 겨운 선물.
긴 세월 흘러
혼자된다 해도
도저히 떼어낼 수 없는
눈물겨운 사랑은
오늘을 살게 하고
내일을 희망으로 기다리며
시를 쓰게 하는
앞만 보고 달려온
건조한 심장을 적셔준
참 아름다운 동행이라고
아낌없이 쏟아 부어주며
송두리째 삶을 바꿔준
내 안의 전부.
사랑은 나를 살려준
신비의 샘물이다.
사랑은 영원하다.

# 사랑을 맞으러 ♡♥

사랑이여
싱그런 가로수길 누비며
달려온 여기
따스한 마음 느껴지는
계절이 주는 감격은
그대의 사랑 때문인가요.
들려오는 마음의 소리 있습니다.
간절히 소망하는
만남을 부르며
저멀리 던져버린
아픔을 웃어주는
말로 다 할 수 없는
사랑해서 행복한 날이라고.
꽃이 떨어져 열매 맺듯
아픔으로 기쁨 맞으며
한 포기 풀이라도 좋을
약속의 땅으로 달려가렵니다.
사랑을 맞으러.

아픔을 웃어주는
약속의 땅으로 달려가렵니다

# 사랑의 꽃 ♡♥

장미 한 송이로
마음을 표현할 수 있다면
그 꽃은 진실을 알 겁니다.
사랑이 얼마나
가슴 벅찬 일인가를.
　장미 두 송이로
사랑을 표현할 수 있다면
그 꽃은 외로움이
무언지 알 겁니다.
혼자 있던 그때가
얼마나 쓸쓸한지를.
　장미 세 송이로
외로움을 표현할 수 있다면
그 꽃은 고독이
무언지를 알 겁니다.
그대를 곁눈질로
아프게 봐야 하니까요.
　장미 네 송이로
아픔을 표현할 수 있다면
그 꽃은 침묵을 지킬 겁니다.
언제나 혼자 아닌

둘이었으니까요.
　장미 다섯 송이로
침묵을 표현할 수 있다면
그 꽃은 쓸쓸함을 알 겁니다.
짝없는 혼자가
얼마나 가슴 저리는 것인지를.
　장미 여섯 송이로
만남을 표현할 수 있다면
그 꽃은 완벽한 화음을 알 겁니다.
언제나 싱그런 듀엣으로
함께 있었으니까요.
　장미 일곱 송이로
삶을 표현할 수 있다면
그 꽃은 활짝 웃으며
사랑의 완성을 노래할 겁니다.
일곱이라는 숫자는 홀수이지만
그 의미는 완전함이니까요.
그대에게 드리고픈 마음을
일곱 송이 장미에 담아
그대에게 드리는 게
전부는 아니지만
진한 향기만큼이나,
아낌없이 사랑하는
열정에 담아 모두 드립니다.
하루를 시작하는 긴장은

그대 생각만으로도
녹아 내렸구요
행복에 겨운 사람이라 고백하며
끝없는 연정의 꿈길을
떠나려 합니다.
언제나 그랬듯이
언제까지나 그대와 함께.

장미 한 송이로
마음을 표현할 수 있다면
그 꽃은 진실을 알 겁니다

# 사랑이라는 이름으로 ♡♥

사랑에 빠진 사람의
가장 단순한 표시는
두근거리는 심장의 소리.
그렇게 고동치는
피 끓는 소리를 들어가며
깊어가는 밤을 노래하는 것.
잠깐이라도 사랑을 향한 마음
빼앗길까 애태우며
나의 전부라고
얘기하고 또 해도
채워지지 않는 그리움을
시계 소리 죽여서라도
묶어두고 싶은
하얀 밤으로 새우는 열정.
젊음이 다하기 전에는,
아니 백발 휘날리는 그 날에도
처음 사랑의 뜨거운 마음자리
인생 열차에 싣고
하늘거리는 들꽃과 함께
서서히 잠들어도
사랑한다는 고백만큼은

여전히 내 영혼을 깨워 우는
환희의 송가로 세워지리라.
사랑이라는 이름으로…

사랑에 빠진 사람의
가장 단순한 표시는
두근거리는 심장의 소리

# 사랑하기 때문에

♡♥

나도 모르게 흘러내리는 눈물

이른 아침 눈을 뜨면
하루의 동행자가 다가옵니다.
마음의 손으로 보듬으며
따스한 체온 느끼는 순간
어느 시인의 노래처럼
이 세상에서
당신을 사랑하는 사람이
존재하지 않는다면
내가 이 세상에 없기 때문이라는
눈물겨운 고백 부둥켜안고
하루를 시작합니다.
아무리 아름다운
고백의 말을 찾아도
시원스레 잡히지 않는 건
아마도…
아마도 말입니다.
표현하려는 그 어떤 단어보다도
나 그대를 너무 많이
사랑하기 때문일 것입니다.
나도 모르게 흘러내리는 눈물로…

# 사랑하는 이여

심장부터 쿵쾅거리는
나는 누구입니까

사랑하는 이여
나는 누구입니까
그대 앞에 설 때면
언제나 설레고
심장부터 쿵쾅거리는
나는 누구입니까
한 조각 구름으로라도
내 마음 가릴 수 있다면
너무 사랑하다가 큰 구멍 난
그리움의 자리를 메우련만
서로 아파했던 날에도
위로와 기쁨이었기에
그대를 부르며 안아줍니다.
훗날
우리 작은 촛불 밝히고
남은 여정 사랑으로 노래하며
버팀목이 되어주는
그리움의 동행자로
서 있을 겁니다.
너무도 사랑하고
또 사랑할 것이기에.

# 사랑한다면



마지막 겨울 떠나보내는
눈이 시린 파란 하늘이
마음 깊은 곳 자리한
사랑하는 이를 불러준다.
여기가 꿈자리라면
거기는 만남일까.
가슴 절절한 우리 사랑은
찬바람 휘감아 돌며
한마디 따스함으로 웃고
두근거리는 몸짓으로 안아준
달 밝은 밤 포근함으로
머릿속을 덮어준다.
노래 한 자락으로
흘러넘치는 사랑을
잠재울 수 있다면
하얗게 밤을 지나며
피를 토하는 고통이라도
부르고 또 불러
훨훨 날갯짓으로 날아 갈 거다.
사랑하는데
무엇이 두려울까.

## 사랑합니다

한 사람을
한 사람만을
단 한 사람만을 위하여
산다는 것이
사랑의 통증을
겪어본 사람이라면
이 세상 가장 단순하고
쉬운 일입니다.
한층 더한 표현으로
가장 예쁘고 순수하고 아름다운
있는 그대로의 매력입니다.
한 사람이
한 사람만이
단 한 사람만이
내 안에 숨 쉬고 있다는 것이
아낌없이 다 내어준
기쁨을 맛본 사람이라면
이 세상 가장 뿌듯하고
감사한 일입니다.
더 깊은 가슴으로
외치라고 한다면

가장 고귀하고 애틋하고 눈물겹고
환희에 복받치는
있는 그대로의 행복입니다.
한 사람을
한 사람만을
단 한 사람만을 사랑합니다.

## 살고 싶다

♡♥

당신이 심어준 온기
잘 품어 불꽃으로 만들고 싶다

살고 싶다.
잃어버린 웃음 찾아
당신을 바라보며.
돌고 돌아서 만난
너무 예쁜 사랑이기에
언제까지나 함께
웃음을 더하고
눈물을 나누며
살고 싶다.
정말 짧은 삶인데
아픈 날이 많아
허우적대던 날들을
더 만나기 싫어
당신이 심어준 온기
잘 품어 불꽃으로 만들어
남은 날들을 살아야
쓰디쓴 눈물들이
행복한 하나됨으로
다정하게 자리 잡겠지.
그래서 살고 싶다.
처음부터 나의 전부인
마지막 사랑
당신을 바라보면서.

## 살아있음은 ♡♥

하늘이 그냥 하늘이려면
달빛도 별빛도
그리고 햇빛도
안아줄 만큼 거리에서
팔 벌려 오라하고
그리움이 얼마나 되었냐고
가슴 절절한 물음을
던져야 한다.
엄마 젖이 모자라
우는 아기처럼
그리움에 지쳐 쓰러진
순박한 시인의 모습은
차라리 욕심 없는
시골 어느 마을 뒷산
푸르른 나무이고 싶다.
세월이 저만치 도망가도
인연의 끈이 그대로인 건
한번 품은 사랑은
세상이 끝난다 해도 함께할
따스한 노래이기 때문이다.
오늘 살아있음이

살아있기 때문이 아니라
끝없는 그리움의 사슬이기에
더 큰 열정과 열망이
밀려올 꺼다.
사람이 보고 싶은 건
어두운 엄마 복중에서 들려오는
정겨운 목소리와
따뜻한 안아줌이
너무나 부러웠기 때문이다.
사랑은 기도 소리에
둘만의 밀어를 부르고
떼어낼 수 없는 인연으로
달콤하게 무르익어간다.

정겨운 목소리와
따뜻한 안아줌이
너무나 부러웠기 때문이다

## 삶… 아프지만 ♡♥

비가 내린다.
조금은 아쉽게
하늘이 활짝 열리지 않아
소리 없이 흩뿌린다.
내 안에 내리는 비는
이미 흘러넘쳐 홍수를 이루고
기약 없는 약속처럼
정처 없이 떠내려가는데
멈출 줄 모르는 눈물로
사랑의 기억들을 적시고 있다.
내리고 또 내리면
모든 것이 아픔 없이 잠길까.
잠기고 나면 편안한 쉼을
영원히 누릴 수 있을까.
내 사랑을 웃게 해줘야 하는데
왜 나는 아프기만 한 걸까.
다시 일어설 힘도 사라지고
걷고 달릴 여력은
삶의 의미와 의지마저
꺾어버리며 고통이 되었다.
자꾸만 눈이 감기는 건

상실의 아픔 속에서도
여전히 심장을 두드리는
가슴 찢어지는 사랑을
고이 안고 잠들고 싶기 때문이다.
영원히….

내 사랑을 웃게 해줘야 하는데
왜 나는 아프기만 한 걸까

## 석양에 물드는 사랑

♡♥

만남의 열정을 담고
기웃기웃 저물어 간다
설레는 마음 몰고 오며

황혼을 맞는
초저녁 하늘 몸부림이
바람에 씻겨 청초한 자태로
눈물겹도록 감격스런
수채화를 가슴에 담아
몇 번이고 눈을 맞추며
흘려버릴 수 없는
그리움과 함께한 그 길을
풍경 속에 그려 넣는다.
지워지지 않을
마음 다한 약속을 품어
석양은 늘 내 안에서
붉게 떠오르며 웃음 짓는
가장 소박하면서도
사랑스런 얼굴과 함께
만남의 열정을 담고
기웃기웃 저물어 간다.
설레는 마음 몰고 오며.

## 안녕 ♡♥

눈부신 첫 만남의 계절
안녕~
푸른 하늘
싱그런 미소
따뜻한 손길
가슴 떨린 입맞춤
포근한 안아줌
가슴 벅찬 순간
셀 수 없이 넘쳐나는
내 생애 봄날의 추억
안녕~
사랑이 바로 이런 것
눈빛 하나만으로도
모든 걸 다 가졌던
더 주지 못해
늘 미안하고 맘 아팠던
행복에 겨운 계절
안녕~
다 내려놓아도
다 잊힌대도
모든 이와 이별한대도

세상과 안녕하여도
죽어도 잊지 못할
영원한 내 사랑에겐
안녕이라 말 못 하고
내 심장 쪼개서 드리리.
미치도록 살고 싶어서.

안녕이라 말 못 하고
내 심장 쪼개서 드리리

# 약속

♡♥

아무리 아파도
당신과 나 함께하는
그곳으로 달려갈 겁니다

나와의 약속
분명합니다.
너와의 약속
또렷합니다.
지금은 아프지만
언젠가는 웃을 겁니다.
사랑한다는
당신이 최고라는
지켜준다는
당신 거라는
내 거라는
가슴으로 약속했기에
아무리 아파도
당신과 나 함께하는
그곳으로 달려갈 겁니다.
약속은 지켜야 하는 거니까요.
약속은 변하지 않는 거니까요.
어떤 일이 있어도…
아무리 오래 걸려도…

# 어느 계곡 추억일기 ♡♥

한 폭 수채화로 펼쳐진
눈앞의 풍광은
흘러가는 계곡 물소리와
기막힌 조화를 이루며
뜨거운 여름을 식혀준다.
당신을 위한
이름 없는 시인으로
물 따라 구름 따라 산다는 건
눈물겹게 행복한 건데
푸른 들녘의 하늘거림이
사랑스런 당신 모습을
평생 곁에 두라며 속삭인다.
더 깊어져 가는 여름밤
풀벌레 울음소리 짙은
둘만의 만찬을 누리며
예쁜 당신 발그레해진 얼굴이
미치도록 가슴을 들썩이고
때마침 녹아내리는 빗줄기에
숨겨진 눈물로 쓸려가는
내 안에 상처로 남아있던
아픔의 찌꺼기들이

아낌없이 시원스레 사라진다.
지금 이렇게 내 옆자리
너무 사랑스런 당신이
뜨겁게 품에 안겨있으니
황홀해 죽을 지경이다.
날이 갈수록 더 그립고
뜨거움을 주는 당신
정말 고마워요.
사랑해요.

너무 사랑스런 당신이
뜨겁게 품에 안겨있으니
황홀해 죽을 지경이다

# 어둠 속에 피는 꽃 ♡♥

밤에 피는 꽃이 있다면
그건 그리움으로 물들어 있는
꽃일 겁니다.
귓전을 간지럽히는
애절한 샹송의 선율이
고요한 심장에
한줄기 비를 내리고
창밖으로 비친
검푸른 하늘은
보고픔의 가슴을
적셔줍니다.
새날을 맞기 위한
어둠의 몸부림은
시간과의 전쟁을
한바탕 치르며
못내 아쉬운 헤어짐을 가득 담아
파도 소리 넘치는 곳까지
휘몰아 갑니다.
다시 태어난대도
언제나 함께하는
아름다운 동행으로

살아갈 겁니다.
이 밤
영혼의 울림이 있다면
그것은 환희로 피어나는 꽃.
그래서 사랑은
이렇게 가슴 절절합니다.

새날을 맞기 위한
어둠의 몸부림

아름다운 동행으로…

## 어떤 빛깔로도 표현할 수 없는 사랑 ♡♥

무슨 색을 칠한다 해도
채워지지 않을 자리가 있습니다

어떤 색으로 말할 수 있을까요
지금의 마음을.
분홍빛이라고 하기엔
너무나 커다란 핏자국이 있답니다.
하얀색이라고 하기엔
온통 머릿속에
당신 생각뿐이구요.
회색빛이라고 하기엔
그리움에 지쳐
까맣게 타들어가는
숯덩이가 되었답니다.
초록빛 신록이라고 하기엔
애증의 눈물 너무 흘려
갈색 추억의 낙엽으로
떨어져 버렸답니다.
무슨 색을 칠한다 해도
채워지지 않을 자리가 있습니다.
사랑에 겨워 날아다니다
덜컹이는 심장 내보인
정말 바보 같은 사람,
바로 그 사람 그 자리입니다

# 여름사랑

♡♥

누가 아픔을 좋아할까요
여름사랑

누가 아픔을 좋아할까요
지워지지 않는 시간을
애써 보내려 하지만
그럴수록 뜨거움이 더하고
견디기 힘든 싸움만
가슴속을 휘저어 놓는다.
언젠가는 폭염도 사그라져
지나간 얘기 하겠지만
오늘을 살아가게 하는
변치 않는 단 하나의 진실은
아무리 바보 같은 짓이라 해도
그래야 살 수 있기에
품고 갈 수밖에 없는
내 삶 전부를 감싸고 가는
너무 귀하고 좋은 사람이기에
눈으로 안아주며
마음으로 눈물 닦아주고
오늘 하루를 세워간다.
이렇게 사랑을 바라보니
난 행복한 사람이다.
여름 사랑,
그건 계속 불릴 우리의 노래다.

## 오늘도 그대가 있어 ♡♥

아침을 기다리는
시간이 아쉽다.
그냥 함께한 시간이
멈춰버리면 좋겠다.
과거도 현재도
그리고 미래도
그 어떤 아픔이 없는
지금이니까.
일상의 무의미함이 있지만
그 안에서 찾아내는
보람과 기쁨은
작은 것들이 주는
사랑의 감동인데
삶은 언제부터인지
피곤하게 앉아있다.
단순함이 머리를 맑게 하고
마음을 시원케 하는
고귀한 나만의 보물 때문이다.
센머리 휘날리는 날
지난 삶을 돌아보며
단 하나의 사랑으로

인생을 끝냈다는 걸
활짝 웃으며 고백할 수 있으리.
오늘도
그대가 있어 행복하다.

고귀한 나만의 보물 때문

# 예쁜 사람아 ♡♥

갑자기
검은 하늘
와락 다가와
한마디 하라네.
이 어둠을
어찌할 거냐고
침묵의 함성
심장을 찌른다.
이 순간
심장 조여 오며
하고픈 말
진물 나도록 보고픈
"예쁜 사람아…"

진물 나도록 보고픈

# 일 년을 하루처럼

♡♥

매일 같은 마음을 품고
밤하늘 별을 맞는다

매일 같은 하늘 아래
숨 쉬고 살았듯
매일 같은 마음을 품고
밤하늘 별을 맞는다.
다시 아침이 밝아올 때
그대를 부르며
숨 쉴 수 있으리.
일 년 삼백예순다섯 날을
하루처럼 생각하며
기다려온 날들.
마르지 않는 샘으로
흘러내리는 그리움은
거창하게 삶의 의미를
이야기하지 않아도
이미 정해진 그리움에 젖은
가슴 절절한 사랑은
심장 후벼 파며
다시 사랑을 부른다.
기다림의 아름다움은
늘 함께 있어도 느끼는
평생의 두근거림.
두 말 필요 없는 사랑이니까.

## 오이도 추억일기 ♡♥

빨간 등대가
격하게 우리를 맞이합니다.
많은 연인이 머물러
뜨거운 사랑의 표시를
사진 속에 담습니다.
바다 짠 내음도 아랑곳없이
묵묵히 자리를 지키는
웅장한 자태가 멋집니다.
평생을 두고 그대에게
작은 불빛이 되기로
마음을 다독입니다.
우리네 삶의 여정에
견디기 힘든 언덕이 있겠지만
쓰러져 피투성이 된다 해도
그대의 기댈 언덕으로
다시 일어나 달릴 겁니다.
오늘 밤은 그대에게
정열의 불꽃으로 남을 겁니다.
이미 그대는 나에게
흘러넘치는 강이 되었습니다.
어느 하늘 아래 있어도

꺼지지 않는 한 줄기 빛으로
그대를 안아줄 겁니다.
그대를 바라볼 수 있음이
고마운 선물입니다.
사랑합니다.

견디기 힘든 언덕이 있겠지만
쓰러져 피투성이 된다 해도
그대의 기댈 언덕으로…

# 우리 2 ♡♥

우리
참 멀리도 왔네.
많고 많은 사람 중에
그대를 만난 건
어떤 말을 갖다 대도
기분 좋은 인연이다.
혼자만의 생각이라 해도
내게는 포기할 수 없는
삶의 기쁨이고
커져만 가는 행복이다.
인생은 짧은데
살아온 날들을 보니
가슴이 뭉클해지는 건
아무래도 내 안에
잊힐 수 없는 그리움이
눈물을 만들어내고
어떡해서라도 함께할
내일의 꿈이 있기 때문이다.
우리
걸어가야 할 날이 길기에
지금 가슴이 메어와도

내 숨이 다하기까지는
견디고 또 일어나
그대만을 생각하고
끝끝내 달려가
꼬옥 안아줄 거다.

그대를 만난 건
어떤 말을 갖다 대도
기분 좋은 인연이다

## 우리 _ 사랑싸움 투정 ♡♥

나

너

우리

너무 익숙한 말인데

오늘

너무 슬프다.

난 항상 우리였는데

너는

오늘 너인 거니.

혼자인 너

우리인 나

아무래도 좋다.

나여도

너여도

우리여도

그 무엇이라 해도

난 너밖에 모르니까

난 너만을 사랑하니까

그래서 난 살아가고 있다.

나

너

아무리 우겨도
나와 너는
우리.
인연이고 사랑이다.

너는
오늘 너인 거니?

# 우리의 사진첩 ♡♥

우리 함께한 날들이
차곡차곡 쌓여
어느 것 하나 버릴 것 없이
소중한 선물이 되었습니다.
펼치는 앨범마다
너무 사랑스런 그대
환한 미소의 매력에 푹 빠져
뜨거워진 가슴 진정시키려
그날의 자리로 달려가봅니다.
우리 함께한 공간마다
최고의 열렬한 축제였기에
영화 속 주인공처럼
가장 멋지고 아름다운
뜨거움으로 안아주었습니다.
지금 이렇게 빈손이 뜨거운 건
꼭 잡아 놓지 않았던
그대 두 손의 체온이
눈물겨운 감격으로 떠오르며
미치도록 보고 싶어 아파하는 가슴을
살포시 감싸줍니다.
따뜻한 눈빛 예쁘기만 한 몸짓

행복에 겨운 우리들의 표정
모습만으로도 뜨거운 사랑을
아름답게 탑으로 쌓아놓은
떨쳐버릴 수 없는 하나 됨입니다.
우리 함께한 그 어떤 날도
생생한 모습으로 살아있음은
나 그대에게
그대 나에게
아낌없이 다 주었기 때문입니다.
고마워요.
사랑해요.

아름답게 탑으로 쌓아놓은
떨쳐버릴 수 없는 하나 됨

# 원산도 추억일기 ♡♥

섬으로 섬으로
뱃고동 울리며
여름을 재촉하는
파란 하늘이 눈에 잠길 때
바다내음이 몸에 감기며
숲의 향기가 춤을 춘다.
아직은 한적한 계절
제법 잘 어울리는
산과 바다의 오버랩은
눌러앉아 살고지고픈
아주 소박한 꿈을 꾸게 하고
힐링을 읊조리며 걷는
오솔길 같은 산책로 숲은
우리를 포옥 감싸며
싱그런 이온을 맘껏 쏟아낸다.
바닷가 짠 내음 흠뻑 들이고
갯바위에 걸터앉은
한 쌍의 섬 소년과 섬 소녀는
송글송글 투명한 땀방울을
기분 좋게 닦아내며
뻥 뚫려 통쾌한 우주를

눈과 가슴에 가득 채운다.
바다 건너 마련된
무인도는 아니지만
어디를 밟아도
당신과 나를 위한
사랑의 보금자리임을 고백한다.
정말 너무 풋풋하고
싱그런 사랑으로 감동 줘서
무한 고마워요.
사랑해요.

한 쌍의 섬 소년과 섬 소녀는
뼁 둘러 통쾌한 우주를
눈과 가슴에 가득 채운다.

# 이제는 사랑입니다

♡♥

푸르른 하늘이
시샘을 했던가요.
회색빛 하늘 아래
흐느껴 우는 여심은
한 방울 초록에 매달려
싱그러움을 뽐내고 싶었던
순정인 것을.
지나간 고독의 흔적은
어느덧 한 송이
향기론 꽃으로 피어나고
두 눈 감아 고개 저으며
안녕으로 인사하는
동심의 노래인 것을.
언제나 그랬듯이
오늘도 기쁨의 탄성으로
언제나 그랬듯이
오늘도 감사의 고백으로
그대는 어느새 내
영혼의 하얀 손수건으로.
그래
이제는 사랑입니다.

지나간 고독의 흔적은
어느덧 한 송이
향기론 꽃으로 피어나고

# 정말 사랑하는 사람

♡♥

외로움을 만져준 사람,
상처를 싸매 준 사람,

사랑하는 사람,
정말 사랑하는 사람.
외로움을 만져준 사람,
정말 고마운 사람.
상처를 싸매 준 사람,
정말 가치 있는 사람.
아픔을 감싸준 사람,
정말 따뜻한 사람.
시를 읊고 노래 부르게 해준 사람,
정말 눈물겹게 고마운 사람.
소중한 자리를 내어 준 사람,
정말 사랑스런 사람.
꿈을 갖게 해준 사람,
정말 멋진 사람.
웃음을 찾아 준 사람,
정말 고귀한 사람
늘 사랑을 안겨주는 사람,
정말 아름다운 사람.
나의 전부가 되어준 사람.
사랑하는 사람.
정말 사랑하는 사람.

## 익어가는 사랑 ♡♥

시간이 흘러도
흘러가지 않는
샘물이 있다.
떠내려 보내야 산다는데
뚝이 이미 탄탄하게 쌓여
바늘구멍도 허락하지 않고
깊이 잠겨만 간다.
이리저리 얻어맞아도
내 사랑이 자리하니
아프지 않은 고요함
엄청 뜨거운 마음이다.
계절은 어느덧
기나긴 어둠이 싫어
아침 하늘을 빨리 보이며
민낯을 드러내고
태양을 기다리는데
두 손 잡아 안아주지 못하는
내 삶의 전부인 당신을
어쩔 줄 몰라 하며 눈물짓는다.
바라보지만 말할 수 없고
말을 하지만 함께 못하는

내 숨을 거두어 가는
하늘 아래 쑥스러움이
심장 가득 헤어나지 못하는
두근거리는 아픔으로
오늘 하루를 시작한다.
아파도 사랑이며
눈물 나도 그리움이다.
이렇게 너와 나
고통 속에 익어가고 있다.

아파도 사랑이며
눈물 나도 그리움이다

## 인연 ♡♥

인생 여정의
가장 아름다운 모습은
인연이라는 선물.
잘 살고 못 사는 것도
행복의 기준이 되지만
더 큰 건 인연이라는
하늘이 내려준 선물.
누구나 아픔 없는 인연을
꿈꾸며 살아가지만
후회 없고 포기할 수 없는
목숨으로라도 지키고 싶은
참으로 복된 인연을
끝까지 함께할 수 있는
그런 사람이 내 안에 있다.
고통이 있고
눈물도 흘러넘쳐
가슴을 쓸어내도
다시 함께할 그 날을
찢어내는 아픔과 함께
죽을 것만 같은 그리움으로
이 밤 노래를 부릅니다.

삶의 마지막 순간
하늘이 부르는 그 날까지
인연의 끈을 놓지 않을 겁니다.

끝까지 함께할 수 있는
그런 사람이 내 안에 있다

## 잠 못 드는 밤 비 내리고 ♡♥

촉촉한 세상이다.
하늘은 비를 품고
마음은 눈물을 품어
그리움을 부른다.
하루 이틀 흘러가면
강물 같은 사랑은
가슴에 가득 잠기고
헤어날 수 없는
추억을 남겨놓을
한 장의 흑백 사진으로
깊이 잠들어 있을 게다.
하나둘 젖어 드는
계절을 다한 잎새들이
잠 못 이루는 새벽을
하염없이 간지럽히고
보고픔에 아파하는
사랑쟁이의 눈가에
남모를 슬픔으로 쌓인다.
쉼 없이 여기까지 달려온
해바라기 사랑은
언제나 푸른 심장이고픈

고집스런 생각으로
다가오는 아침을 기다린다.
잠 못 드는 밤비 내리고…

한 장의 흑백 사진으로
깊이 잠들어 있을 게다

## 진심

♡♥

널 향한 나의 진심
나의 전부.
어딜 가도 나를 붙드는
나의 가슴앓이.
날 향한 너의 진심
가슴 시린 눈물.
어디에서도 잊히지 않는
아픈 손가락.
희망 사항이든
고집스러운 집착이든
여전히 날 살게 하는
우리 둘만의 진실은
사랑할 수밖에 없는
피 끓는 고백의 노래로
이 밤을 재워야 하는
가슴 시린 사랑의 진심.
진심으로 널 만났고
진심으로 널 품었고
진심으로 널 사랑하는
변할 수도 변하지도 않는
널 향한 나의 진심.

그건 더이상 말이 필요 없는
사랑이라는 진심.
진심으로 오늘을 산다.

말이 필요 없는
사랑이라는 진심

# 추억일기 ♡♥

이 세상에 와줘서
기쁘고 고마워요.
당신과의 첫 경험이
정말 좋고 많은데
눈 부신 태양 아래
더 아름답게 빛나는 그대
당신이 보석이고 지배자입니다.
에메랄드빛 바다의 신비와
물속 생명체와의 만남은
낙원 그 자체
우리의 천국이었지요.
안개와 바람
그리고 흩뿌리는 빗줄기도
정상에서의 따뜻한 포옹으로
뜨거운 가슴을 느꼈구요
선상에서의 설렘과 일몰은
정겹기만 한 우리의 잔치로
어둠 별빛을 재촉하며
밤 깊어가는 공간 속에서
예쁜 사랑을 노래합니다.
밤길 산책이 더위를 식혀주고

멀리 보이는 물줄기는
온몸을 시원케 해주는
황홀한 오아시스입니다.
오랜 시간 늘 함께함이
더 진한 연정을 키워주고
더 깊고 뜨거운 사랑을
맘껏 누릴 수 있게 합니다.
그대가 있어서
아름다운 이곳이 더 아름답고
그대가 있어서
사랑으로 눈뜨는 뜨거움을
온몸과 마음으로 누립니다.
나에게 와줘서 정말 고마워요.
사랑합니다.

그대가 있어서
아름다운 이곳이 더 아름답고

# 하나

♡♥



하나는 외로움이며
끝없는 기쁨이다.
나 하나로는 눈물이지만
너와의 하나 됨은
넘치는 감격이다.
하나는 아픔이며
행복한 웃음이다.
나 하나로는 슬픔이지만
너와의 하나 됨은
표현할 수 없는 천국이다.
어둠이 아침을 기다리듯
우리는 하나를 꿈꾼다.
어제도 그랬고
오늘도 그랬고
내일도 그럴 거다.
하나는 영원한 믿음이며
당연한 행복이다.
지금도 난 하나를 노래한다.

# 하늘 보기

♡♥

눈길 머무는 그곳에
사랑이 있기에

지난밤에도
하늘을 보았습니다.
도시의 밤하늘
무척 슬펐습니다.
하늘 품고 불어오는
한 줄기 바람이
남몰래 흘리는
눈물을 말려주었습니다.
그래도 그리웠습니다.
늘 함께 있어도
가슴이 메어오는 사랑,
하나뿐인 사랑이기에
흐릿한 별빛이
더 외롭게만 보였습니다.
고개 떨구면
뜨거운 눈물 흐를까 봐
먼 하늘만 바라보았습니다.
눈길 머무는 그곳에
사랑이 있기에.
하늘을 보며
사랑이 더 깊어갑니다.

# 한낮의 사랑 ♡♥

여유로운 한낮
버스를 타고
세상 구경하며
길고 긴 어둠의 터널
뒤로 보낸다.
매일 뱅뱅 도는 단순함이
지겨워질 만도 할 텐데
여전히 같은 자리
지키고 있는
일상의 모습들 보며
인생은 정말 걸작품이라고
옅은 미소 짓는다.
탄생의 환희 뒤에
피눈물이 있고
성장의 기쁨 뒤에
아픔이 있으며
성숙의 열매 뒤에
희생이 있음을
사랑의 뒤안길에는
인내가 숨 쉬고 있다.
덜컹거리는 차체는

사랑 노래에
리듬 맞춰주는 타악기로
흔들거리는 손잡이는
삶의 애환을 달래주는
멜로디로 다가온다.
여름 한낮의 이야기는
끈끈한 사랑의
그리움을 열어준다

성숙의 열매 뒤에
희생이 있음을
사랑의 뒤안길에는
인내가 숨 쉬고 있다

제3부

# 행복소년 사랑노래

행복은 이렇게
사랑에 눈먼 행복 소년의
콧노래로 시작합니다.

# 한마디

♡♥

그대를 위하여
그대와 함께
그대를 안고
그대에게
아낌없이 주는
마르지 않는
산 샘이고 싶어요.
그대를 보며
그대에게서
그대의 마음을
그냥 그대로
내 안에 받습니다.
그대에게
나를 보여주는 것
그게 행복이기에
내 전부를 모아
드립니다.
사랑한다고.

내 전부를 모아
드립니다

## 함께할래요

♡♥

함께할래요. 당신과.

함께할래요. 당신과.
삶이 다하는 날까지.
함께함이
얼마나 큰 위로이며 기쁨인지
진하게 느껴집니다.
함께할래요. 당신과.
못다 한 고백 아쉬워 달려온
지난 시간 고이 접어
내일 향해 심장 활짝 열어
마음 다 보여주고
무한 행복의 삶이라
말해 줄 겁니다.
함께할래요. 당신과.
짧은 인생이 서글프지만
지금까지 그리고 앞으로
언제나 그랬듯
함께 할 거라고
기우는 석양 노을에
터질 듯한 가슴을
띄워 보냅니다.
함께할래요. 당신과.
보고 또 봐도 사랑스런
단 하나의 사랑이기에.

## 행복

♡♥

하루를 잠재우는
어둠만이
새벽을 부르는데
견딜 수 없는
가슴의 아픔이
눈물을 흘린다.
꽃이 지고
하늘이 울면
계절의 흐름 속에서
애틋함이 잠들 줄
알았는데
더 부풀어만 가는
다하지 못한 고백이
부끄럽게 고개를 든다.
살고 싶은 건
노래를 부르고 싶은 건
먹먹한 심장을
다시 새롭게 깨워주는
언제나 아름다운
정말 예쁜 사람 때문이다.
하루를 잠재우면

내일이 다가와
맑은 웃음을 줄 테니
행복이라는 녀석은
끝없는 보고픔으로
함께할 날을 안아주겠지.
지금 그대를 바라봄이
참 기쁨이다.

언제나 아름다운
정말 예쁜 사람 때문이다

# 행복한 사람 ♡♥

누가 뭐래도
하늘은 하늘로 있습니다.
낮은 곳 내려 보며
언제나 열려있는 하늘은
고향의 품입니다.
회색빛 구름 걷어내고
사랑의 기쁨으로
따스한 눈물 흘리며
고마운 님을 데려오는
고향입니다.
오늘의 하늘은
어제의 만남을 노래하며
하얀 솜털로 수를 놓고
밝은 햇살
눈부시게 떠올랐습니다.
그리움을 견디지 못해
나왔다고 합니다.
사랑을 숨길 수 없어서
훌훌 털고
솟아올랐답니다.
이 모든 것

사랑의 시 써 내려가는
한 사람 위한
가슴 뜨거운 모습입니다.

오늘의 하늘은
어제의 만남을 노래하며

# 행복합니다 ♡♥

눈물 나게 사랑합니다.
삶의 무게보다
그리움의 무게가
더 힘겹지만
그것이 행복입니다.
아파도 견디는 건
사랑이 주는 무게이기에
내려놓고 싶지 않습니다.
늘 중심에 있는
오직 한 사람
그리움이기에
흐린 하늘이라 해도
맑게 갠 날,
내일은 다가올 거라는
희망과 위로를 줍니다.
오늘이 생의 마지막 날처럼
사랑한다 고백하고
행복하다 말할 겁니다.
영원하지 않은 세상
언제 어떻게
하늘이 부를지 모르기에

오늘 한 번 더
더 늦어지기 전에
당신이 있어서 행복하고
살만한 인생이라고
힘주어 말할 겁니다.

언제 어떻게
하늘이 부를지 모르기에

# 행복소년 사랑노래 ♡♥

사랑의 말
흘러넘치는 세상.
어디선가 한 번쯤
들어본 듯한 사랑의 말들
언제 들어도 말해 봐도
좋은 친구 같습니다.
알게 된 진실,
말이 많아 행복이 아니구요
말이 없어 불행이 아니랍니다.
숙명적 사랑을 만나지 못한
운명 때문이랍니다.
시간 거슬러 올라가
다시 살 수 있다면
한 편의 영화 같은
뜨거운 만남으로
축복의 노래 부를 겁니다.
행복은 이렇게
사랑에 눈먼 행복 소년의
콧노래로 시작합니다.

행복은 이렇게
사랑에 눈먼 행복 소년의
콧노래로 시작합니다.

## 향 2

♡♥

빙긋이 대답해 주고
눈감을 수밖에 없는…

오래전 어느 날
가슴 깊이 새겨진
우윳빛 그대의 모습
가을 끝자락을 배웅하며
하얀 겨울 맞고픈
그리움 가득한
쑥스러운 한 사람
하늘 끝 바람 한 줄기
얼굴로 안아 눈 감고
처음 그 자리
정겨운 옅은 미소로
황홀한 향을 전해준
그저 아름답기에
빙긋이 대답해 주고
눈감을 수밖에 없는
정말 향기론 사람.
언젠가 따뜻한 곳
달려가고픈 그곳에서
세상이 끝난대도
함께한 향으로 노래해요.
가슴 설레는 고백으로…

## 향 3

♡♥

행복을 노래할 수 있음은
하루라는 시간이
내 안에 보고픔 가득한
뜨거움을 전해주는
고마운 사람 때문입니다.
떨어진 잎새를 주워
바스락거리는 소리에
추억이 밀려오는 건
떠나가는 가을의
가슴 시리기만 한 사연을
편지로 차곡차곡
쌓아놓고 싶기 때문입니다.
움츠러드는 몸짓이
웃음으로 가득한
따뜻한 마주함으로
바라만 봐도 좋은
노래 속에 물들어버린
아름다운 사람의 고백이
흐뭇한 미소 지으며
하나밖에 모르는 사랑 바보에게
어둠을 삼켜가며

손 내밀어 다가옵니다.
지금 남아있는 건
아픔을 손잡아 세워주는
차가운 심장 녹여버린
어여쁜 향입니다.
향, 그건 행복한 숨결입니다.

바스락거리는 소리에
추억이 밀려오는…

# 향 4

♡♥

하늘을 삼킬 듯
바다를 품을 듯
마음이 넓어지고
눈이 열리며
뜨거워지는 가슴은
이미 그리움으로 가득한
사랑의 세레나데를
연주하고 있다.
새벽을 달리는
정다운 열차 소리가
지난 밤 눈물 말려주고
붉은 아침 해를
힘겹게 끌고 온다.
어둠 물러가고 나면
다른 세상 여행인 줄 알았는데
처음을 잊지 못해
고집스럽게 제자리 지키며
그때 그 순간을 떠올리며
어느 자리에서라도
지켜주리라 맘먹고
애처로운 사모곡은

그대의 향으로 촉촉하게
내 안에 자리 잡았다.
잊을 수도 없는
잊히지도 않는
마약 같은 그대의 향이
오늘을 견디게 하고
또 내일을 살게 하겠지.

오늘을 견디게 하고
또 내일을 살게 하겠지

# 향

♡♥

하루를 행복하게
내일을 약속하는
참 좋은 향이
입안 가득 퍼진다.
언제부터인지
마음 따뜻해지며
견딜 수 없는
그리운 날들을
한 겹 두 겹 쌓아가며
깊어가는 밤을
사륵사륵 밟는다.
내가 아니라면
오늘이 있어도 아프고
네가 아니라면
그 어느 때라도 슬픈
커져만 가는 빈자리
쓸쓸한 가을이겠지.
그래서 지금 이렇게
청아한 모습으로
더 아름답기만 한 그대는
깊은 곳 그 자리
정겨운 향으로 왔다.

깊어가는 밤을
사륵사륵

# 살다보니 ♡♥

살다 보니
사랑이란 건
곁에 기대어 있어 주는 게
가장 아름다운 모습.
따뜻한 손으로
다독여 주며
늘 안아줄 수 있고
사랑할 수 있는 열정.
검푸른 하늘에 걸린
작은 달 하나가
상심의 바다 밝혀주듯
그대의 눈빛과
마음 한가운데 밝힌
작은 촛불 하나가
넘치는 기쁨과
아픈 상처까지도
잔잔히 안아주며
내일이 부르는 하늘 아래
작은 행복이라는 이름으로
그리움을 친구라 불러준다.
기다림에 애가 타고

보고픔에 목말라 할 때
꿈길에서라도 다가와
환하게 포옹하는
순박한 만남의 노래.
살다 보니
사랑이 나를 키워주고 있다.

사랑이 나를 키워주고 있다

# 늘

♡♥

늘 웃음으로 살기
늘 그리움으로 웃기
늘 한마음으로 그리워하기
늘 설레는 한마음 갖기
늘 보고픔으로 설레기
늘 꿈길에서도 보고파 하기
늘 행복 넘치는 꿈길을 걷기
늘 그대를 품어 행복 넘치기
늘 희망으로 그대 기쁘게 하기
늘 사랑 그리며 희망 이어가기
늘 기분 좋게 사랑을 안아주기
늘 사랑하는 맘으로 살아가기
늘 오직 그대만을 사랑하기
늘 그대가 전부라고 고백하기
늘 그대 위해 다짐하고 살기

늘…

## 사랑하니까

♡♥

어제도 오늘도
늘 그대를 그리워하며
흘러 흘러 가다
바다가 되어버린
강물에 물어본다.
그대를 그리워하는
나는 누구냐고.
매일 기다림에 지쳐
젖을 대로 젖어
슬픔에 찬 눈망울 되어
그대 길목에 서서
돌이 되어버린
세월에 묻는다.
그대를 사랑하는
나는 누구냐고.
가슴 터지고
심장 멈추는
열병을 앓아서라도
그대를 안아줄 수 있다면
강물이라도
세월이라 해도

변하지 않는 한마음으로
함께 흘러가고
그대 안에 가득 잠겨있을 거다.
무조건 사랑하니까.

바다가 되어버린
강물에 물어본다

# 귀여운 여인 ♡♥

귀여운 여인이 왔다.
한눈에 쏙 들어온
정말 귀여운 사람.
상큼한 미소로
얼어붙은 마음의 문
활짝 열어준
한순간에 마음을 빼앗은
아름답고 귀여운 사람.
어느 날 갑작스런 입맞춤으로
온몸에 전율을 선물해준
뜨겁고 귀여운 사람.
늘 바라보는 자리에서
편안함을 안겨주며
아픔도 상처도 지워준
고맙고 귀여운 사람.
노래를 불러주고
노래를 들어주며
지그시 눈을 감아
서로를 안아주었던
너무 사랑스런 귀여운 사람.
처음이 얼마나 소중한지

떠나는 순간까지
애절한 추억을 안겨줄
그곳에 사랑이 다가왔다.
먼 훗날 행복한 웃음으로
두 손 잡아 쓰다듬으며
우리의 첫사랑을
따뜻하게 이야기하자.
귀여운 사람.
내게로 들어와 줘서
정말 고마워요.
사랑해요.

아픔도 상처도 지워준
고맙고 귀여운 사람

## 당신, 내게 생명 ♡♥

자연은 살아있다.
내 안에 그대 살아있듯이
생명의 신비를
끊임없이 가져다준다.
반딧불이의 향연도
더 깊은 가을 재촉하는
서늘한 빗줄기도
찬란한 사랑의 노래를
예비해주며 내린다.
지붕을 때리는 빗소리
문을 흔들어대는 바람
이 모두가 정겨운 건
멈출 수 없는 뜨거운 사랑의
달콤한 축하 음악으로
부족함 없는 희열이다.
마지막 초록을 불태우는
생명의 회오리는
더 깊은 사랑의 곳으로
소곤소곤 귀엣말로
함께하는 빗속의 가을밤을
말로 다 할 수 없는

둘만의 체온을 감싸준다.
그대 내게 생명으로 온 것
정말 고마워요.
사랑해요.

그대 내게 생명으로 온 것
정말 고마워요

# 서울 데이트 ♡♥

서울 하늘이 익숙하다.
매일 아침저녁을
해와 달로 걸어갔던
잿빛투성이인데
모처럼의 귀향으로
조금은 편안해진 푸르름을
슬며시 내밀고 있다.
청계천의 예스러움이
말라버린 물길로 서운하지만
나름 옛 생각을 가져다주고
인사동 풍물 거리의
다양한 볼거리 흥겨움은
꼭 잡은 두 손 더 감싸주고
사랑스럽기만 두 볼을
어루만지며 안아준다.
늘 그랬듯 그대와 함께하는
정겨운 만찬의 시간은
한결 더 깊어지는
끈끈한 정을 북돋아 주며
깊어가는 서울의 밤을
뜨거운 만남으로 데려간다.

어느 곳에 있어도
여전한 사랑으로 웃는
내 맘 다한 소중한 사람,
그대가 내 사랑이어서
정말 고마워요.
사랑해요.

깊어가는 서울의 밤을
뜨거운 만남으로 데려간다

## 시작의 추억 ♡♥

숲속 궁전에서의
당신과의 첫날은
너무 아름다운 동심의 세계
맘껏 웃음을 나눈
황홀한 축제.
물장구치며 안아준
어여쁜 당신은
깃털보다 가볍고
들풀 향기보다 진한
달콤한 꿀단지.
언제나 그랬지만
유난히도 여행의 첫날밤은
별을 헤고 또 헤어도
멈춰지지 않는
뜨겁기만 한 사랑의 춤사위는
꿈길에서라도 함께하고픈
서로의 전부였지요.
하늘 아래 당신이 있고
나무 아래 당신이 있어
걸음 닿는 곳마다
둘만의 웃음으로 담기는

행복한 숨결이
사랑의 노래를 불러온다.
우리의 행복 여행.
날 사랑해줘서 정말 고마워요.
사랑해요.

별을 헤고 또 헤어도
멈춰지지 않는…

## 어느 여름날 일기 ♡♥

한여름 강렬한 태양도
우리의 사랑만큼은
막아설 수 없었지요.
굵은 땀방울은
당신과 나의 애틋함을
한 걸음 더 진한
끈끈한 고백으로
가슴 깊은 곳 자리로
고요히 앉혀주었어요.
분주한 사람들의 오고 감이
나름대로 보여주고 싶은
자랑거리였는지 모르겠지만
내 안에 있는 당신은
여느 사람과 비교할 수 없는
동화 속 싱그런 공주님으로
더위에 지쳐갈 만한 나를
새롭게 일으켜 세우는
너무 사랑스런 님이었지요.
어린아이가 따로 있는 게 아니라
활짝 웃는 당신이
가장 귀엽고 아름다운

꿈꾸는 아이였지요.
현실의 복잡함 내려놓고
동심으로 돌아가
서로에게 기쁨을 선물하며
행복을 고백하는
환희의 노래 맘껏 외치는
사랑 가득한 축제입니다.
내 안에 사랑으로 있어 줘서
눈물겹도록 고마워요.

한여름 강렬한 태양도
우리의 사랑만큼은
막아설 수 없었지요

# 첫날 추억 ♡♥

처음은 정말 새롭고
신비하기만 하다.
하루를 마감하며
자연스런 동행은
털털거리는 애마도
문제 되지 않는다.
보고 있어도 보고 싶은
사랑스럽기만 한 당신은
언제 어느 때 어디에서도
두근거리는 가슴을 안겨준다.
사랑은 언제나 뜨겁지만
한결 더 숨 가쁜 절정으로
혼미한 정신을 불러오며
깊이 잠든 몸과 마음을
깜짝 놀라게 깨워준다.
이렇게 잠들어도 좋을
행복을 꿈꾸며 달리는
당신과의 긴긴 여행은
멈춰지지 않아야 한다.
당신의 순정과 열정을
눈물 나는 황홀한 감격으로

아낌없이 쏟아준
고맙고 또 고마운 그 날,
나에게 들어와 줘서
정말 고마워요.
사랑해요.

아낌없이 쏟아준
고맙고 또 고마운 그 날

# 함께 여서 ♡♥

산과 바다
그리고 하늘이
우리를 안아주었다.
마지막 가을을 보내기 위한
정겹기만 한 바람은
여기저기 카메라 셔터의
경쾌한 소리와 함께
한 장 한 장
웃음을 머금은 모습으로
사랑의 열정을 쌓아가며
다가오는 석양을 맞이한다.
바다 내음 느끼며 함께하는
황홀한 만찬의 순간은
화려한 행진을 꿈꾸며
몸도 마음도 준비된
이 세상 가장 아름다운
어여쁜 사랑의 노래를
그대 얼굴 마주하며
아낌없이 다 불러준다.
그대가 있어 하늘이 푸르고
그대가 있어 파도가 신비하다.

그대가 있어 기우는 석양이
눈물겹도록 가슴을 태우고
그대가 있어 우리의 몸짓은
구름 위를 걸어가는
무한 행복의 숨결로 젖는다.
별빛 쏟아지는 공간
그 속에 묻혀 날아가고픈
밤의 노래가 가슴에 녹아든다.
함께여서 고맙고
나의 사랑이어서
정말 고마워요.
사랑해요.

그대가 있어 하늘이 푸르고
그대가 있어 파도가 신비하다

## 뭐라 말할까요 ♡♥

뭐라 말해줄까요.
아무리 머리를 굴려봐도
달리해줄 말이 떠오르지 않아
지금껏 해주었던 말 그대로
그 위에 간절함을 얹어야지.
언제쯤이면 다른 말이 생각날까.
바람이 알려나
흔들리는 잎새가 알려나
어느 누가 알려나
아무도 대답하지 못하는
그래서 다시 되돌아오는
해주어야 할 한마디.
짧은 내 생각으론
오직 한 마디 밖에
내어놓을 수 없음을…
하지만 따뜻한 웃음으로
말할 수 있으리.
'나, 너를 사랑해.
언제까지나… 이렇게…'

바람이 알려나
흔들리는 잎새가 알려나
어느 누가 알려나